O-R-T-O-G-R-A-F-I-A

O-R-T-O-G-R-A-F-I-A

Dicas do professor
SÉRGIO NOGUEIRA

Rocco

Copyright © 2009 by Sérgio Nogueira

Direitos desta edição reservados à
EDITORA ROCCO LTDA.
Av. Presidente Wilson, 231 – 8º andar
20030-021 – Rio de Janeiro – RJ
Tel.: (21) 3525-2000 – Fax: (21) 3525-2001
rocco@rocco.com.br
www.rocco.com.br

Printed in Brazil/Impresso no Brasil

preparação de originais
MARIA ANGELA VILLELA

CIP-Brasil. Catalogação-na-fonte.
Sindicato Nacional dos Editores de Livros, RJ.

D874o	Duarte, Sérgio Nogueira, 1950- O-R-T-O-G-R-A-F-I-A: dicas do professor Sérgio Nogueira. – Rio de Janeiro: Rocco, 2009. Contém exercícios ISBN 978-85-325-2286-3 1. Língua portuguesa – Ortografia e soletração. I. Título. II. Título: Dicas do professor Sérgio Nogueira.
07-4546	CDD-469.2 CDU-811.134.3-34

SUMÁRIO

Introdução 7

I - O USO DAS LETRAS
Como é mesmo que se escreve 11
Dicas sobre o uso das letras 17
A grafia oficial é... 21
Palavras com dupla grafia 21
Palavras homônimas e parônimas 23
Exercícios 46

II - O USO DO HÍFEN
Para que serve o hífen 59
O que estabelece o novo acordo ortográfico? 60
O que mudou e o que não mudou? 63
Observações finais 72
Exercícios 75

III - O USO DOS ACENTOS GRÁFICOS E DO TREMA
Onde está a sílaba tônica? 81
Para que servem os acentos? 83
Acentuação gráfica 87
Uso do trema 97
Exercícios 100

IV - CURIOSIDADES ORTOGRÁFICAS
Dicas 107
Exercícios 113

V - DESAFIOS FINAIS
Exercícios 123

VI - NOVA ORTOGRAFIA
Reforma ortográfica 153

INTRODUÇÃO

PORTUGUÊS É DIFÍCIL?

A nossa ortografia não é, como muitos afirmam, a mais complicada e difícil do mundo.

Se compararmos com outras línguas neolatinas, o espanhol realmente é mais simplificado, mas as letras mudas do francês enlouquecem muita gente. *Vert* (verde), *verre* (vidro, copo), *ver* (verme) e *vers* (em direção a) são palavras homônimas homófonas, ou seja, todas são pronunciadas da mesma forma: /ver/.

A língua inglesa, tão exaltada por sua "simplicidade", também não fica atrás. Observe o que diz o professor Cláudio Moreno na sua página na internet (www.sualingua.com.br):

A ortografia do inglês (que muitos ingênuos pensam ser mais fácil do que a nossa, só porque não tem acentos...) é um horror até para os franceses: a pronúncia da sequência "ough" em *bough* (ramo), *cough* (tosse) e *trough* (através) é completamente diferente: /bou/, /cóf/ e /thru/. *Lives* pode ser lido /livs/ (ele vive) ou /laivz/ (vidas). A sequência "ey" soa como /i/ em *key* (chave), mas como /êi/ em *they* (eles); "oes" é lido como /us/ em *shoes* (sapatos), mas como /ous/ em *goes*. A primeira sílaba de *giraffe* (girafa) é lida como /ji/; a de *gift* (presente), como /gui/. E assim por diante.

Na língua portuguesa, até o início da década de 1940, havia vários sistemas ortográficos: o fonético, o etimológico, o misto... Cada um adotava o da sua preferência. Podemos imaginar a confusão e o que é pior: qual dos sistemas deveria ser ensinado nas escolas.

Após a Segunda Guerra Mundial, no governo Getúlio Vargas surgiu um projeto cujo objetivo maior era unificar a nossa ortografia. Organizou-se uma comissão de especialistas, gramáticos e membros da Academia Brasileira de Letras. Esse grupo fez o que pôde e, apesar das críticas e alguns defeitos que o tempo mostrou, merece o nosso respeito. É bom lembrar que a Linguística, naquela época, ainda não era propriamente uma ciência.

O resultado do projeto ortográfico é positivo e podemos ainda hoje constatar lógica e coerência na maioria dos casos.

ORTOGRAFIA É "GRAFIA CORRETA"

Na prova de História do concurso vestibular de 1998 da UFRJ, por duas vezes a palavra ASCENSÃO aparece grafada com ç:

> (...) nesse processo nota-se a *ascenção* de valores consagrados pelas revoluções burguesas (...)" (Questão 1)

> "Entre a *ascenção* ao trono da Rainha Vitória, em 1837, e o reinado da Rainha Elizabeth II, a partir de 1953, a monarquia inglesa percorreu uma longa trajetória política." (Questão 5)

Numa prova de apenas cinco questões, é triste constatarmos o desleixo de alguns educadores em relação ao bom uso da língua portuguesa.

A repetição do erro nos leva a crer que o autor não tinha "dúvida" quanto à grafia da palavra ASCENSÃO.

Nada justifica a falta de uma revisão mais cuidadosa num instrumento cujo objetivo é avaliar o conhecimento de candidatos a vagas em uma das nossas maiores universidades. O uso de qualquer "corretor ortográfico" teria evitado esse deslize.

Todos nós sabemos dos perigos que existem quanto à ortografia. Todo cuidado é pouco. A nossa ortografia não é puramente fonética e, muitas vezes, só a etimologia (= estudo da origem das palavras) é capaz de explicar o emprego das letras.

Isso significa, portanto, que não há propriamente regras para você saber que EXCEÇÃO se escreve com Ç e que EXCESSO é com SS.

Na prática, o que nos leva a saber ortografia é o bom hábito de ler e o de escrever. É a nossa memória visual que nos impede de escrever errado. Não hesitamos diante de uma palavra que estamos acostumados a ver e usar. Corretamente, é claro!

Ler é a melhor solução. E, ao escrever, se houver dúvida, não tenha vergonha de abrir um bom dicionário. Pesquise. Não faz mal a ninguém.

I – O USO DAS LETRAS

COMO É MESMO QUE SE ESCREVE

Ortografia é sempre um assunto polêmico. Escrever corretamente é uma preocupação constante dos brasileiros. São muitas dúvidas que merecem nossa atenção.

Primeiro, é importante lembrar que temos um sistema ortográfico vigente desde 1943, com algumas pequenas alterações ocorridas em 1971.

Para resolver nossas dúvidas, consultamos o *Vocabulário Ortográfico da Língua Portuguesa* publicado pela Academia Brasileira de Letras em 2009 e as últimas edições dos dicionários Aurélio e Houaiss.

Há consenso quanto à grafia oficial de muitas palavras que suscitam dúvidas:

Devemos escrever:

adivinhar, asterisco,
beneficente, bufê,
cabeleireiro, calvície,
confeitaria, disenteria,
empecilho, enfear,
espontaneidade, freada,
hortênsia, idoneidade,

irrequieta, meritíssimo,
nhoque, octogésimo,
peixaria, poleiro,
prazerosamente, privilégio,
propriedade, receoso,
reivindicar, umedecer,
xifópagos

Isso significa que *não* devemos escrever:

*advinhar, asterístico,
beneficiente, bifê,
cabelereiro, calvice,
confeiteria, desinteria,
impecilho, enfeiar,
espontaniedade, freiada,
hortência, idoniedade,*

*irriquieta, meretíssimo,
inhoque, octagésimo,
peixeria, puleiro,
prazeirosamente, previlégio,
propiedade, receioso,
reinvindicar, umidecer,
xipófagos*

Por outro lado, é importante saber que nossas mais novas publicações já registram muitas formas variantes como **válidas**: aborígine ou aborígene; arteriosclerose ou aterosclerose; assobiar ou assoviar; babadouro ou babador; bergamota ou vergamota; botijão ou bujão; caatinga ou catinga; calidoscópio ou caleidoscópio; calouro ou caloiro; chimpanzé ou chipanzé; coisa ou cousa; descargo ou desencargo; descarrilar ou descarrilhar; destrinçar ou destrinchar; diabete ou diabetes; estada ou estadia; garagem ou garage; hemorroida ou hemorroide; hidrelétrica ou hidroelétrica; infarto ou infarte ou enfarto ou enfarte; listra ou lista; loura ou loira; maquiagem ou maquilagem; percentagem ou porcentagem; relampejar ou relampear; taberna ou taverna; televisionar ou televisar; termelétrica ou termoelétrica; terraplenagem ou terraplanagem; voleibol ou volibol; xeique ou xeque...

Quando a grafia é facultativa, nós podemos optar livremente por uma ou outra forma. Você decide. Podemos seguir a forma tradicional (babadouro, botijão, calidoscópio, descarrilar, estada, hidrelétrica, listra, relampejar, termelétrica, terraplenagem) ou a forma mais usada na sua região (bergamota, caatinga, calouro, coisa, destrinchar, hemorroida, infarto, loura, maquiagem, televisionar, voleibol, xeique) ou qualquer outro critério pessoal, como você verá nas páginas 21 e 22. O importante é você saber que as duas formas são válidas; portanto, não há **erro**.

Para outras dúvidas, nada melhor do que uma boa consulta aos nossos dicionários, o que deve ser incentivado por nossos professores desde o processo de alfabetização.

O "INTERNETÊS"

Quem gosta da internet e a utiliza com certa frequência já deve ter observado uma "novidade linguística" bem marcante, que vem provocando boas discussões.

São comuns, principalmente entre os mais jovens, o uso de palavras abreviadas e o desrespeito às normas ortográficas vigentes: *"tb axo q vc naum deve viaja pq tá xato"* (também acho que você não deve viajar porque está chato).

Quanto às abreviações, sinto informar aos nossos adolescentes que se trata de uma "novidade velha". Quando fiz meu curso de Letras (fins da década de 1960 e início da de 1970), abreviar já era hábito. Só assim conseguíamos anotar os ensinamentos de nossos mestres universitários. Era uma "taquigrafia" necessária: tb (também), q (que), vc (você), pq (porque)...

O uso da letra "m" para substituir o til (naum = não) é um

retorno às nossas raízes. Para quem não sabe, a origem do til é a letra "n". Observe duas curiosidades:

1ª) em espanhol, o nosso VERÃO é *"verano"* e a forma verbal PÕE (do verbo PÔR) é *"pone"* (do verbo *"PONER"*);

2ª) o ditongo nasal decrescente /ão/ pode ser grafado "ão" (estão, cantarão) ou "am" (falam, cantaram), conforme a tonicidade.

A grafia fonética (axo, xato) já é defendida por muita gente, mas essa brincadeira pode criar vícios irreversíveis. Em textos oficiais, todos nós devemos seguir o sistema ortográfico vigente, que é baseado não só na fonética mas também na etimologia (= origem das palavras).

A verdade é que nós sabemos ortografia por memória visual, e não por "decoreba" de regrinhas. Ninguém perde tempo pensando se HOJE tem "h" ou não, se CASA é com "s" ou "z", se CACHORRO é com "x" ou "ch". Como já disse, o que nos faz saber ortografia é a leitura e o bom hábito de escrever. Não temos dúvida na hora de escrever palavras usuais, aquelas que vemos e escrevemos com frequência. Isso significa que a visualização e o uso constante das palavras fora da grafia oficial podem criar "dúvidas eternas".

O uso de TÁ por ESTÁ é uma tendência da linguagem coloquial brasileira. É marca da nossa oralidade. Outra característica da nossa língua oral é a omissão do "r" no infinitivo dos verbos (vou falá, vendê, parti). É um fenômeno chamado apócope (= perda de fonema no fim do vocábulo). Isso ocorreu, por exemplo, na evolução dos verbos latinos, que terminavam em "are", "ere"... e perderam o fonema vo-

cálico final. Hoje, em português, o infinitivo dos verbos termina no "r" (vou falar, vender, partir).
Tudo isso pode ser muito interessante e criativo, mas é preocupante. A nossa garotada precisa estar consciente de que esta forma de linguagem é grupal, é localizada, é adequada unicamente numa situação específica. É preciso que saibam que a linguagem da maioria, dos textos oficiais, da vida profissional é a língua padrão. E a escola não pode se omitir: é lá que os jovens poderão entrar em contato e conhecer a língua padrão.
Todas as formas de linguagem são válidas e adequadas a cada situação, inclusive a língua padrão. Como diz nosso mestre e acadêmico Evanildo Bechara: "É preciso sermos poliglotas dentro da nossa própria língua."

SOLETRANDO É 10

O sucesso do quadro apresentado no programa de televisão *Caldeirão do Huck* é incontestável. A brincadeira virou "febre" em muitas escolas do Brasil e sei, de fonte segura, até entre advogados, executivos, jornalistas... Escrever de acordo com o nosso sistema ortográfico vigente não faz mal a ninguém.
A língua portuguesa agradece o carinho. A preocupação com o bom uso do nosso idioma sempre merece aplausos, principalmente quando é feito com seriedade.
Que me perdoem os "críticos de plantão", mas soletração não é retrocesso nem incentivo à "decoreba".
Primeiro, não podemos associar soletração com "decoreba". Ninguém passa horas a fio decorando que MESA se

escreve com "s", que o verbo EXISTIR é com "x", que CHURRASCO é com "ch", que HOMEM tem "h". Ortografia se sabe por memória visual. Você já passou a noite em claro por causa de dúvidas deste tipo?

É lógico que não! Nossas dúvidas só aparecem quando as palavras são desconhecidas, pouco usadas ou mal escritas. Palavras conhecidas não nos fazem perder tempo.

Por outro lado, gostaria de saber que tamanho mal faz a tal "decoreba". Ninguém morre por ter de decorar alguma coisa. A crítica que todos nós fizemos ao velho sistema de ensino é quando tudo se resumia à pura "decoreba". Concordo com aqueles que afirmam que "decorar por decorar" não é ensino. É lógico que devemos incentivar o raciocínio e estimular a criatividade, que a capacidade de redigir e interpretar textos é muito mais importante do que "escrever certo".

O problema, como sempre, é o radicalismo.

Então, não esqueça que decorar não é pecado e que escrever corretamente não é "decoreba".

Escrever corretamente significa seguir as normas vigentes do nosso sistema ortográfico. Escrever certo significa respeitar as leis.

Por fim, não esqueça que *Soletrando* é um programa de entretenimento, é um jogo. A grande diferença é que estamos brincando com coisa útil.

DICAS SOBRE O USO DAS LETRAS

1 – Devemos escrever com **SS** todas as palavras derivadas de verbos terminados em **gredir**:

AGREDIR – agressão, agressor, agressivo;
REGREDIR – regressão, regresso, regressivo;
PROGREDIR – progressão, progresso, progressivo;
TRANSGREDIR – transgressão, transgressor, transgressivo.

2 – Devemos escrever com **SS** todas as palavras derivadas de verbos terminados em **mitir**:

OMITIR – omissão;
DEMITIR – demissão, demissionário;
ADMITIR – admissão, admissível, inadmissível;
PERMITIR – permissão, permissivo, permissível;
TRANSMITIR – transmissão, transmissivo, transmissível, intransmissível, transmissor.

3 – Devemos escrever com **SS** todas as palavras derivadas de verbos terminados em **ceder**:

CEDER – cessão;
SUCEDER – sucessão, sucessivo;
CONCEDER – concessão, concessivo, concessionária.

4 – Devemos escrever com **S** todas as palavras derivadas de verbos terminados em **ender**:

TENDER – tensão;

COMPREENDER – compreensão, compreensivo, compreensível, incompreensível;
APREENDER – apreensão, apreensivo, apreensível;
PRETENDER – pretensão, pretensioso, despretensioso;
ASCENDER – ascensão, ascensorista.

5 - Devemos escrever com S todas as palavras derivadas de verbos terminados em **verter**:

VERTER – versão;
REVERTER – reversão, reverso, reversivo, reversível;
CONVERTER – conversão, conversível;
SUBVERTER – subversão, subversivo.

6 - Devemos escrever com S todas as palavras derivadas de verbos terminados em **pelir**:

EXPELIR – expulsão, expulso;
IMPELIR – impulsão, impulso;
REPELIR – repulsão, repulsivo.

7 - Devemos escrever com Ç todas as palavras derivadas dos verbos **ter** e **torcer**:

ATER – atenção;
DETER – detenção;
RETER – retenção;
OBTER – obtenção;
MANTER – manutenção;
ABSTER – abstenção;
TORCER – torção;

CONTORCER – contorção;
DISTORCER – distorção.

"-ISAR" ou "-IZAR"?

8 – Escrevem-se com "s" (= ISAR) os verbos derivados de palavras que já têm "s":

análise	>	analisar
aviso	>	avisar
paralisia	>	paralisar
pesquisa	>	pesquisar

9 – Escrevem-se com "z" (= IZAR) os verbos derivados de palavras que não têm a letra "s":

ameno	>	amenizar
civil	>	civilizar
fértil	>	fertilizar
legal	>	legalizar
normal	>	normalizar
real	>	realizar
suave	>	suavizar

"-SINHO" ou "-ZINHO"?

10 – Escrevem-se com "s" (= SINHO) os diminutivos derivados de palavras que já têm a letra "s":

casa	>	casinha
lápis	>	lapisinho
mesa	>	mesinha
país	>	paisinho

pires   > piresinho
princesa   > princesinha
tênis   > tenisinho

11 – Escrevem-se com "z" (= **ZINHO**) os diminutivos derivados de palavras que não têm a letra "s":

animal   > animalzinho
balão   > balãozinho
café   > cafezinho
chapéu   > chapeuzinho
flor   > florzinha
pai   > paizinho
papel   > papelzinho

A GRAFIA OFICIAL É...

adivinhar	criminologista	manteigueira
advogado	depredar	mendigo
aleijado	de repente	meritíssimo
asterisco	dilapidar	nhoque
astigmatismo	disenteria	prazerosamente
bandeja	empecilho	privilégio
beneficente	engajamento	propriedade
cabeleireiro	espontaneidade	receoso
calvície	estupro	reivindicar
caranguejo	freada	simplesmente
cinquenta	jus	verossimilhança
companhia	lagartixa	

PALAVRAS COM DUPLA GRAFIA

Vejamos alguns exemplos que já aparecem nas mais recentes edições de nossos principais dicionários e no Vocabulário Ortográfico publicado pela Academia Brasileira de Letras.

abóbada e abóboda;
aborígene e aborígine;
arteriosclerose e aterosclerose;
assobiar e assoviar;
aterrissar e aterrizar;
babador e babadouro;
bêbado e bêbedo;
bebedouro e bebedor;

berinjela e beringela;
botijão e bujão;
caatinga e catinga;
chimpanzé e chipanzé;
descarrilar e descarrilhar;
diabetes e diabete;
dignitário e dignatário;
doceria e doçaria;
estada e estadia;
garagem e garage;
hidrelétrica e hidroelétrica;
infarto e infarte, e enfarte e enfarto;
listra e lista;
loura e loira;
octacampeão e octocampeão;
percentagem e porcentagem;
quatorze e catorze;
cota e quota;
cotidiano e quotidiano;
reescrever e rescrever;
seriíssimo e seríssimo;
taberna e taverna;
tataraneto e tetraneto;
televisionar e televisar;
termelétrica e termoelétrica;
terraplenagem e terraplanagem;
trecentésimo e tricentésimo;
voleibol e volibol;
xucro e chucro.

PALAVRAS HOMÔNIMAS E PARÔNIMAS

Você sabe o que são palavras homônimas? *Homo* (do grego) significa "igual". São palavras iguais. O nosso problema, na realidade, são as palavras homônimas homófonas (= som igual, escrita diferente e significados diferentes). É o caso de *conserto* e *concerto*. Quando falamos, não se percebe a diferença, pois a pronúncia é a mesma. A dúvida surge na hora de escrever: é com "s" ou "c"? Aí depende do sentido. Todo *concerto* musical se escreve com "c". E *conserto* do verbo *consertar* (= reparar, corrigir) é com "s".

Com certa frequência, vemos algumas plaquinhas:
"CONCERTA-SE BICICLETAS" ou
"CONCERTA-SE SAPATOS"

Antes de "*consertar* bicicletas e sapatos", deveríamos *consertar* as plaquinhas: "CONSERTAM-SE BICICLETAS" e "CONSERTAM-SE SAPATOS".

Além do "s", observe que o verbo deveria estar no plural para concordar com o seu sujeito (= *bicicletas* e *sapatos*). A partícula SE é apassivadora. As duas frases estão na voz passiva sintética (= correspondem a "*bicicletas* SÃO CONSERTADAS" e "*sapatos* SÃO CONSERTADOS").

Outra confusão frequente ocorre com os verbos *coser* e *cozer*. O "macete" é o seguinte: se você *cozinha* com "z", se a *cozinha* se escreve com "z", *cozer* (= cozinhar) também se escreve com "z". Portanto, *coser* com "s" significa "costurar".

É bom tomar cuidado com certos restaurantes que oferecem:

"HOJE, *COSIDO* À PORTUGUESA"

Fico imaginando um irmão português todo costurado! Também merece cuidado o famoso caso da palavra *sessão*. Há quem confunda com *seção* ou ainda com *cessão*.

Se houver qualquer tipo de "reunião", é SESSÃO: sessão de cinema, sessão da câmara, sessão plenária, sessão do júri, sessão espírita... É uma verdadeira "reunião de esses". São três (= um no início e dois no meio): SeSSão.

Se você se referir a um "departamento, setor, área, divisão", deve escrever SEÇÃO. É derivado do verbo *seccionar* (= cortar, dividir): seção de vendas, seção de importados, seção de legumes...

Por fim a CESSÃO, que vem do verbo *ceder*. Se o PT tem direito a 10 minutos do horário político gratuito e resolve ceder 5 minutos para o PDT, ele estará fazendo a *cessão* da metade do tempo a que tem direito. Se você ganha uma herança com seu irmão e resolve *ceder* a sua metade para ele, você estará fazendo uma... burrice!

Para terminar, uma historinha que dizem ser verdadeira. Eu não acredito. Em todo caso, lá vai:

Um certo comerciante (não importa a nacionalidade) escreveu um cartaz e afixou na porta do seu estabelecimento: "AOS MEUS EMPREGADOS. A PARTIR DE HOJE, QUERO AS NOSSAS PORTAS *SERRADAS* ÀS 18h."

Foi atendido. Ao voltar à loja, no dia seguinte, encontrou todas as portas pela metade.

"Se a ficha não caiu", anote:

CERRAR significa "fechar"; SERRAR significa "cortar".

Resumindo:

HOMÔNIMAS HOMÓFONAS: palavras com a mesma pronúncia, com alguma diferença gráfica e com diferentes significados;

PARÔNIMAS: palavras parecidas na forma, com diferentes significados.

DICAS DE HOMÔNIMAS E PARÔNIMAS

1 - **ACENDER** ou **ASCENDER**
   Acender = pôr fogo, ligar:
   Ele foi acender a vela.
   Ascender = subir, elevar-se:
   Ele quer ascender de posto.

2 - **ACENTO** ou **ASSENTO**
   Acento = intensidade, sinal gráfico:
   Coloque o acento na sílaba tônica.
   Assento = lugar onde se senta:
   Saiu, e eu ocupei seu assento.

3 - **ACIDENTE** ou **INCIDENTE**
   Acidente = desastre, acontecimento com consequências mais graves:
   Houve um acidente na Via Dutra.
   Incidente = desentendimento, ocorrência com consequências menores:
   Perdoe-me pelo incidente de ontem.

4 - **ACONDICIONAR** ou **CONDICIONAR**
   Acondicionar = preservar, guardar:
   É necessário acondicionar melhor estes aparelhos.
   Condicionar = regular, tornar dependente de condição:
   Vai condicionar sua permanência ao seu esforço.

5 - **AFERIR ou AUFERIR**
Aferir = conferir pesos, medidas...:
É preciso aferir constantemente os taxímetros.
Auferir = obter, colher:
Só vai auferir algum lucro no final do ano.

6 - **ALISAR ou ALIZAR**
Alisar = tornar liso:
Ela pretende alisar o cabelo.
Alizar = guarnição de portas e janelas:
Só falta pintar os alizares das portas.

7 - **AMORAL ou IMORAL**
Amoral = indiferente à moral:
A ciência é amoral.
Imoral = contrário à moral:
A pornografia é imoral.

8 - **APRENDER ou APREENDER**
Aprender = instruir-se, adquirir conhecimento:
Ele aprendeu tudo que ensinaram.
Apreender = tomar, prender, assimilar:
O guarda apreendeu as peças encontradas.

9 - **ÁREA ou ÁRIA**
Área = espaço:
A área estava repleta de pessoas.
Ária = peça musical:
Ouvimos uma bela ária no Teatro Municipal.

10 - **ARREAR ou ARRIAR**
Arrear = pôr arreios:
Vou arrear o seu cavalo.
Arriar = baixar, fazer descer:
Faça o favor de arriar a cortina.

11 - **ASSOAR ou ASSUAR**
Assoar = limpar o nariz:
Ele assoava o nariz seguidamente.
Assuar = vaiar, apupar:
A torcida assuava o juiz durante o jogo.

12 - **ATUAR ou AUTUAR**
Atuar = agir, exercer influência:
Ele atuou condignamente neste caso.
Autuar = processar, reunir em processo:
O réu foi autuado em casa.

13 - **BOCAL OU BUCAL**
Bocal = abertura, embocadura:
Colocou a lâmpada no bocal.
Bucal = relativo à boca:
Ele está com problemas bucais.

14 - **BROCHA ou BROXA**
Brocha = prego:
Fixou a moldura com pequenas brochas.
Broxa = pincel:
Pintou a parede com uma broxa nova.

15 - BUCHO ou BUXO

Bucho = estômago de animais:
Bom é mocotó feito com bucho.

Buxo = arbusto ornamental:
Vou podar os buxos do jardim.

16 - CAÇAR ou CASSAR

Caçar = apanhar:
É proibido caçar animais.

Cassar = anular:
O presidente cassou os seus direitos.

17 - CARDEAL ou CARDIAL

Cardeal = ave ou religioso ou ponto:
Quais são os quatro pontos cardeais?
A missa só começou com a chegada do nosso cardeal.

Cardial = relativo ao coração (adjetivo):
Ele está com problema na válvula cardial.

18 - CAVALEIRO ou CAVALHEIRO

Cavaleiro = quem anda a cavalo:
No campo, mostrava-se um grande cavaleiro.

Cavalheiro = homem gentil, cortês:
Ele era muito cavalheiro com as mulheres.

19 - CEGAR ou SEGAR

Cegar = ficar ou tornar cego:
A poeira me cegou.

Segar = cortar:
Ele segou toda a plantação.

20 - CELA ou SELA

Cela = quarto, repartição:
Ficou preso em sua cela.

Sela = arreio de cavalo:
Sentou-se sobre a sela e partiu.

21 - CERRAR ou SERRAR

Cerrar = fechar:
As portas da loja estão cerradas após as 18h.

Serrar = cortar:
As árvores foram totalmente serradas.

22 - CERVO ou SERVO

Cervo = veado:
O rei gostava de caçar cervos.

Servo = criado:
O rei possuía muitos servos.

23 - CÍRIO ou SÍRIO

Círio = vela grande:
Havia quatro círios acesos em torno do morto.

Sírio = relativo à Síria:
O dono da loja era um velho sírio.

24 - COMPRIMENTO ou CUMPRIMENTO

Comprimento = extensão:
Qual é o comprimento deste objeto?

Cumprimento = saudação ou ato de cumprir:
Receba os nossos cumprimentos.

25 - **CONCERTO ou CONSERTO**
Concerto = harmonia, sinfonia:
Assistiram a um belo concerto no Municipal.
Conserto = reparo, correção:
Consertam-se rádios e televisores.

26 - **CONJECTURA ou CONJUNTURA**
Conjectura = hipótese, suposição:
Não me venha com essas conjecturas.
Conjuntura = situação, circunstância:
A conjuntura brasileira não permite abusos.

27 - **COSER ou COZER**
Coser = costurar:
É necessário coser esta calça.
Cozer = cozinhar:
Gosto muito de um cozido à portuguesa.

28 - **COXO ou COCHE ou COCHO**
Coxo = manco:
Mancava porque era coxo.
Coche = carro puxado por animal:
Até o século passado, andava-se de coche.
Cocho = recipiente para alimentação de animais
Os porcos estão comendo nos cochos.

29 - CUSTEAR ou COSTEAR

Custear = pagar as despesas:
O acontecimento foi custeado pelo Banco do Brasil.

Costear = navegar junto à costa:
O navio costeava o Brasil de Norte a Sul.

30 - DECENTE ou DOCENTE
DESCENTE ou DISCENTE

Decente = honesto:
Esta diretoria é formada por pessoas decentes.

Docente = quem ensina:
O corpo docente desta escola é de alto nível.

Descente = que desce, vazante:
Foi encontrado na descente do rio.

Discente = quem aprende:
Os discentes estão informados das provas.

31 - DEFERIR ou DIFERIR

Deferir = despachar, atender:
Ele deve deferir o nosso documento.

Diferir = fazer diferença:
É necessário diferir uma coisa da outra.

32 - DEGRADAR ou DEGREDAR

Degradar = rebaixar, tornar vil:
Há muita degradação moral.

Degredar = expulsar do país:
Os traidores da pátria foram degredados.

33 - DELATAR ou DILATAR

Delatar = denunciar:
O companheiro delatou o criminoso.

Dilatar = aumentar:
Solicitou-nos que dilatasse o prazo.

34 - DESCRIÇÃO ou DISCRIÇÃO

Descrição = ato de descrever:
Fez a descrição do acidente.

Discrição = qualidade de quem é discreto:
Comportou-se com discrição.

35 - DESCRIMINAR ou DISCRIMINAR

Descriminar = descriminalizar, inocentar:
O objetivo da sua proposta é descriminar o aborto.

Discriminar = segregar, separar, enumerar:
Sou contra qualquer discriminação.

36 - DESPENSA ou DISPENSA

Despensa = cômodo para armazenagem:
Guardou os enlatados na despensa.

Dispensa = ato de dispensar, licença:
Pediu dispensa do serviço e foi embora.

37 - DESPERCEBIDO ou DESAPERCEBIDO

Despercebido = que não é percebido:
O fato passou despercebido.

Desapercebido = que está em falta de:
Está desapercebido, pois não se abasteceu.

38 - DISTRATAR ou DESTRATAR

Distratar = romper um trato:
Ele já assinou o distrato.

Destratar = tratar mal:
Ele a destratou em público.

39 - EMERGIR ou IMERGIR

Emergir = vir à superfície:
O submarino emergiu devido ao problema técnico.

Imergir = afundar, mergulhar:
Ela adora banho de imersão.

40 - EMIGRAR ou IMIGRAR ou MIGRAR

Emigrar = deixar o país de nascença:
O brasileiro emigrou para a Itália.

Imigrar = estabelecer-se num país estrangeiro:
O imigrante italiano vive em São Paulo.

Migrar = mudar de região sem o conceito de entrada e saída:
O nordestino migrou para o Sul.
As aves sempre migram no inverno.

41 - EMPOÇAR ou EMPOSSAR

Empoçar = meter em poço ou poça:
A água está empoçada.

Empossar = dar ou tomar posse:
O ministro já está empossado.

42 - ENFEAR ou ENFIAR
Enfear = tornar feio:
Estes ornamentos vão enfear o nosso desfile.
Enfiar = introduzir:
Ele enfiou a chave na porta errada.

43 - ESPAVORIR ou ESBAFORIR
Espavorir = ficar apavorado:
Ficou espavorido diante das máscaras.
Esbaforir = ficar ofegante:
Correu tanto que ficou esbaforido.

44 - ESPECTADOR ou EXPECTADOR
Espectador = quem assiste a um espetáculo:
Deixou os espectadores satisfeitos.
Expectador = quem está na expectativa:
Somos expectadores do nosso governo.

45 - ESPERTO ou EXPERTO
Esperto = vivo, astuto:
Ele é um garoto esperto.
Experto = perito, "*expert*":
Ele é um experto neste tipo de negócio.

46 - ESPIAR ou EXPIAR
Espiar = olhar, observar:
Ele nos espiava pela janela.
Expiar = cumprir pena:
Expiou o resto da vida nesta prisão.

47 - ESTÁTICO ou EXTÁTICO
Estático = paralisado:
Ficou estático diante do perigo.

Extático = em êxtase:
Ficou extático diante de tanta beleza.

48 - **ESTÂNCIA ou INSTÂNCIA**
Estância = fazenda, sítio:
Passarei esse fim de semana na sua estância.
Instância = jurisdição, foro:
Lutarei até a última instância.

49 - **ESTANTE ou INSTANTE**
Estante = armário:
Colocou os livros na estante.
Instante = momento, ocasião:
Ele pode chegar a qualquer instante.

50 - **ESTERNO ou EXTERNO**
Esterno = osso dianteiro do peito:
A radiografia provou que não houve fratura no esterno.
Externo = do lado de fora;
Ele quer externar o seu pensamento.

51 - **ESTRATO ou EXTRATO**
Estrato = tipo de nuvem, camada:
Estratos embelezavam o céu.
Vivemos numa sociedade estratificada.
Extrato = essência, concentrado:
Recebeu o extrato de sua conta bancária.
Comprou um extrato de tomates e um extrato do seu perfume preferido.

52 - FLUIDO ou FLUÍDO
Fluido = qualquer líquido ou gás:
Acabou o fluido do isqueiro.

Fluído = particípio do verbo fluir:
A água já tinha fluído completamente.

53 - FRAGRANTE ou FLAGRANTE
Fragrante = que tem perfume:
Adorava a fragrância das flores.

Flagrante = evidente:
Foi preso em flagrante.

54 - FUZIL ou FUSÍVEL
Fuzil = arma, carabina:
O soldado atirava com o seu fuzil.

Fusível = para proteger contra excesso de corrente elétrica:
Faltou luz porque queimou o fusível.

55 - HISTÓRIA ou ESTÓRIA
História = real ou fictícia:
Quero conhecer mais a história mundial.

Estória = só ficção:
Ninguém podia acreditar naquela estória.

56 - INFLAÇÃO ou INFRAÇÃO
Inflação = ato de inflar:
A nossa inflação está muito alta.

Infração = ato de infringir:
Cometeu uma infração de trânsito.

57 - IMANAR ou EMANAR

Imanar = magnetizar:
Os dois estão imanados.

Emanar = sair de, exalar:
Cheirava mal devido à emanação de gases.

58 - IMINENTE ou EMINENTE

Iminente = está prestes a ocorrer:
A chuva é iminente.

Eminente = ilustre, célebre:
É um eminente advogado.

59 - INCERTO ou INSERTO

Incerto = duvidoso, incorreto:
Ela tem um futuro incerto.

Inserto = inserido:
Seu nome está inserto na lista.

60 - INCIPIENTE ou INSIPIENTE

Incipiente = principiante, novato:
Era um projeto ainda muito incipiente.

Insipiente = que não é sapiente, ignorante:
Seus argumentos eram insipientes.

61 - INFLIGIR ou INFRINGIR

Infligir = aplicar, impor pena:
O guarda infligiu a multa.

Infringir = transgredir, violar:
O motorista infringiu a lei.

62 - LOCADOR ou LOCATÁRIO

Locador = proprietário do imóvel, quem aluga:
O locador queria aumentar o valor do aluguel.

Locatário = quem toma por aluguel:
O locatário foi despejado.

63 - LISTA ou LISTRA

Lista = relação ou risco, linha:
Seu nome não estava na lista.
Sua camisa tinha listas verticais.

Listra = risco, linha (somente):
Estava com uma camisa listrada.

64 - LUSTRO ou LUSTRE

Lustro = polimento ou período de cinco anos:
Vou esperar um lustro para gozar outra licença-prêmio.

Lustre = candelabro:
O lustre da sala estava quebrado.

65 - PAÇO ou PASSO

Paço = palácio:
Vivia no paço real.

Passo = ato de andar:
Deu dois passos e caiu.

66 - PEÃO ou PIÃO

Peão = indivíduo que anda a pé ou um trabalhador:
Nesta fazenda há muitos peões.

Pião = brinquedo:
Teu filho ganhou um pião.

67 - PEQUENEZ ou PEQUINÊS
Pequenez = qualidade do que é pequeno:
Sua pequenez levou-o à derrota.
Pequinês = raça de cachorro (natural de Pequim):
Cuidava do pequinês com carinho.

68 - PERCEBER ou APERCEBER-SE
Perceber = notar:
Ele não percebeu os detalhes.
Aperceber-se = prover-se de, ficar ciente:
Ele não se apercebeu do necessário.

69 - PRAGA ou PLAGA
Praga = maldição, desgraça:
Era uma praga de gafanhotos.
Plaga = região, terra:
Levar a glória a plagas distantes.

70 - PRECEDENTE ou PROCEDENTE
Precedente = antecedente:
É um criminoso sem precedentes.
Procedente = proveniente, legítimo:
Ele é procedente do sul.
Era um argumento procedente.

71 - PRESCRIÇÃO ou PROSCRIÇÃO
Prescrição = ordem, receita ou prazo vencido:
Estes medicamentos só podem ser vendidos com prescrição médica.
O prazo já prescreveu.

Proscrição = expulsão, eliminação:
O soldado foi proscrito.

72 - PREVIDÊNCIA ou PROVIDÊNCIA

Previdência = que prevê:
Sua previdência evitou o desastre.

Providência = medida a ser tomada:
Não tomou nenhuma providência contra o abuso dos lojistas.

73 - PREVIDENTE ou PROVIDENTE

Previdente = prudente:
Vive bem hoje, porque foi um jovem previdente.

Providente = que se abastece de:
O estoque estava em dia porque foi providente.

74 - PROVER ou PROVIR

Prover = abastecer, fornecer:
Ele deve prover o seu armazém.

Provir = vir de, originar-se:
Isto pode provir do espaço sideral.

75 - PROSTRAR-SE ou POSTAR-SE

Prostrar-se = curvar-se:
Ele se prostrou diante da imagem sagrada.

Postar-se = colocar-se:
Ele se postou diante da porta até ser atendido.

76 - RECREAR ou RECRIAR

Recrear = divertir:
Ele recreava crianças em festas infantis.

Recriar = criar de novo:
Ele recriou toda a obra do mestre.

77 - RETIFICAR ou RATIFICAR

Retificar = corrigir:
Ele precisa retificar os seus erros.

Ratificar = confirmar:
Na verdade, ele só ratificou o que eu já dissera.

78 - REVEZAR ou REVISAR

Revezar = trocar, fazer revezamento:
Os médicos vão revezar-se no plantão.

Revisar = rever, fazer revisão:
Os professores vão revisar as notas.

79 - RUÇO ou RUSSO

Ruço = meio pardo, gasto ou cerração:
As calças já estavam meio ruças.

Russo = relativo à Rússia:
É um problema entre russos e americanos.

80 - SENSO ou CENSO

Senso = juízo, de sentir:
Não teve senso crítico nem de humor. Faltou bom senso.

Censo = recenseamento:
No próximo ano, será feito novo censo escolar.

81 - SERRAÇÃO ou CERRAÇÃO

Serração = ato de serrar:
A serração das árvores começou cedo.

Cerração = nevoeiro denso:
Na serra, a cerração estava grande.

82 - SESSÃO ou SEÇÃO ou CESSÃO

Sessão = reunião durante um período:
Hoje não houve sessão na Câmara.

Seção = departamento, repartição:
Trabalha na seção de brinquedos.

Cessão = ato de ceder:
Ele fez a cessão de seus bens.

83 - SESTA ou SEXTA ou CESTA

Sesta = descanso após o almoço:
Gosta de uma sesta aos sábados.

Sexta = numeral ordinal de seis:
Ela foi a sexta colocada.

Cesta = objeto para guarda ou transporte:
Jogou o lixo na cesta.

84 - SOBRESCREVER ou SUBSCREVER

Sobrescrever = escrever sobre, endereçar:
É necessário sobrescrever no envelope.

Subscrever = escrever embaixo, assinar:
Ele se esqueceu de subscrever a carta.

85 - SORTIR ou SURTIR

Sortir = prover-se, variar:
É necessário um sortimento maior de mercadorias.

Surtir = produzir resultado:
A propaganda já surtiu efeito.

86 - SUAR ou SOAR

Suar = transpirar (de suor):
É necessário suar a camiseta.

Soar = produzir som:
A campainha vai soar daqui a pouco.

87 - SUCINTA ou SUSCITA

Sucinta = resumida:
Ele deu uma resposta muito sucinta.

Suscita = causa, provoca (do verbo suscitar):
O caso suscita mal-estar.

88 - TACHA ou TAXA

Tacha = pequeno prego:
Usou tachinha para prender a tela.

Taxa = tributo:
Não queria pagar a taxa do lixo.

89 - TACHAR ou TAXAR

Tachar = rotular, considerar, qualificar:
Ele o tachou de corrupto.

Taxar = estabelecer a taxa:
Ele taxou todos os produtos.

90 – TRÁFEGO ou TRÁFICO

Tráfego = movimento, trânsito:
Era uma avenida de muito tráfego.

Tráfico = comércio ilegal:
Sou contra o tráfico de negros, de drogas e de crianças.

91 - **VIAGEM ou VIAJEM**
Viagem = (substantivo) ato de viajar:
A viagem foi ótima.

Viajem = (verbo – 3ª pessoa do plural do presente do subjuntivo):
Quero que vocês viajem amanhã.

92 - **XÁ ou CHÁ**
Xá = soberano persa:
Não existe mais xá no Irã.

Chá = infusão:
Só gosta de chá, detesta café.

93 - **XEQUE ou CHEQUE**
Xeque = jogada de xadrez:
Recebeu um xeque-mate.

Cheque = ordem de pagamento:
Não aceitamos cheques.

EXERCÍCIOS SOBRE O USO DAS LETRAS

Exercício I – Assinale a palavra cuja grafia NÃO é a oficial:

Teste 1 – Com E ou I?

1 – a) acariação b) anteontem c) arrepiar d) cadeado
   e) carestia
2 – a) corpóreo b) desenfreado c) dispender d) destilar
   e) empecilho
3 – a) encarnação b) enteado c) irriquieto d) paletó
   e) penico
4 – a) periquito b) previnir c) sequer d) seringa
   e) umedecer
5 – a) acridoce b) artifício c) cárie d) chilique e) dentefrício
6 – a) degladiar b) dilapidar c) dispêndio d) disfarce
   e) disforme
7 – a) incinerar b) incriminar c) influe d) inigualável
   e) iniludível
8 – a) intitular b) meretíssimo c) penicilina d) pinicar
   e) privilégio

Teste 2 – Com G ou J?

1 – a) agiota b) anjélico c) apogeu d) argila e) digestão
2 – a) falange b) gengibre c) gengiva d) gerjelim
   e) geringonça
3 – a) hereje b) impingir c) megera d) monge e) ogiva
4 – a) rabugento b) rigidez c) sargento d) tijela e) sugestão
5 – a) ajeitar b) canjica c) desajeitado d) enrijecer e) gorgear

6 – a) gorgeta b) injeção c) jeito d) jenipapo e) jiló
7 – a) majestade b) lage c) majestoso d) manjedoura
 e) pajem
8 – a) objeção b) ojeriza c) sargeta d) ultraje e) rejeição

Teste 3 – Com ou sem H?

1 – a) hangar b) hectare c) hediondo d) higrômetro e) indu
2 – a) olofote b) hombridade c) homologação d) herege
 e) hérnia
3 – a) horripilante b) hemorragia c) epático
 d) heptacampeão e) horto
4 – a) herbáceo b) erbívoro c) erva d) hesitar e) êxito
5 – a) ibernal b) inverno c) hispânico d) espanhol
 e) hermético
6 – a) hipocondria b) hipotermia c) histeria d) hoje
 e) odierno

Teste 4 – Com C ou Ç ou S ou SS?

1 – a) assessório b) alicerce c) alvorecer d) apetecer e) célere
2 – a) celibato b) cercear c) cessar d) chacina e) sílio
3 – a) circuncisão b) coercitivo c) concílio d) disfarse
 e) docente
4 – a) ensurdecer b) excepcional c) intercessão d) obsecado
 e) vacina
5 – a) absorção b) abstensão c) açude d) adereço e) adoção
6 – a) alçapão b) apreço c) cassarola d) cerração e) caniço
7 – a) cansaço b) carcaça c) carniça d) camursa e) cessação
8 – a) chouriço b) coação c) contorsão d) dança e) deserção

Teste 5 – Com S ou SS ou C ou Ç?

1 – a) ânsia b) apreensão c) arsênico d) ascenção e) cansaço
2 – a) compreenção b) compulsão c) consenso d) descenso
  e) despensa
3 – a) compulsório b) condensar c) conversão d) convulsão
  e) descançar
4 – a) dimenção b) dispensa c) dispersão d) distensão
  e) diversão
5 – a) emersão b) extender c) excursão d) expulsão
  e) extensão
6 – a) extorsão b) farsa c) ganso d) hortência e) impulsionar
7 – a) incurção b) insinuar c) intrínseco d) inversão
  e) justapor
8 – a) misto b) obcessão c) obsidiar d) obsoleto e) percurso

Teste 6 – Com S ou SS ou SC ou XC?

1 – a) abcesso b) abscissa c) adolescência d) ascendente
  e) ascender
2 – a) ascensão b) consciência c) descendência d) dicente
  e) discernir
3 – a) disciplina b) discípulo c) fascículo d) facínio
  e) florescência
4 – a) fluorescente b) imprescindível c) isósceles d) lacivo
  e) nascença
5 – a) miscigenação b) obceno c) onisciência d) oscilação
  e) renascença
6 – a) piscina b) picicultura c) prescindir d) remanescente
  e) renascimento

7 – a) rescindir b) rescisão c) seiscentos d) susceptível
   e) sucitar
8 – a) víscera b) excessão c) excedente d) excelência
   e) excelentíssimo

Teste 7 – Com S ou X?

1 – a) contestar b) contexto c) dextro d) esclarecer e) esgotar
2 – a) esplêndido b) expectativa c) explendor d) escusar
   e) esperteza
3 – a) esplanada b) expender c) esplanar d) explícito
   e) espontâneo
4 – a) espraiar b) expremer c) esquisito d) estagnar
   e) estática
5 – a) extender b) extenso c) extensão d) extensivo
   e) estendido
6 – a) extornar b) estratosfera c) estranheza d) extirpar
   e) extremoso
7 – a) expiação b) juxtaposição c) contextual d) sintaxe
   e) estropiar

Teste 8 – Com S ou Z ou X?

1 – a) aceso b) adesão c) amnésia d) análize e) anestesia
2 – a) apoteose b) arquidiocese c) artesão d) atrás e) atrazo
3 – a) através b) talvez c) besouro d) braza e) burguesia
4 – a) campesino b) camiseta c) casebre d) catalizar
   e) catequese
5 – a) cezariana b) cisalpino c) cisão d) coesão e) colisão
6 – a) concisão b) convés c) contusão d) cortezia e) demasia

7 – a) diagnose b) eutanásia c) êxtase d) estravasar
 e) freguesia
8 – a) fuselagem b) fusão c) fuzível d) fuzil e) formoso

Teste 9 – Com S ou Z ou X?

1 – a) abalizado b) algazarra c) alteza d) aprazível e) balisa
2 – a) buzina b) capataz c) catequizar d) cicatriz e) coalisão
3 – a) desprezar b) destreza c) diretriz d) dízimo e) disimar
4 – a) enfesar b) envernizar c) falaz d) fugaz e) foz
5 – a) gazela b) gazeta c) gozar d) graniso e) lambuzar
6 – a) jazer b) jazigo c) mazela d) noz e) perdis
7 – a) perspicaz b) petiz c) prazerosamente d) presteza
 e) primasia
8 – a) proeza b) regozijar c) reluzir d) rodísio e) sagaz

Teste 10 – Com S ou Z?

1 – a) gasinho b) princezinha c) paisinho d) paizinho
 e) pãezinhos
2 – a) analisar b) paralizar c) pesquisar d) anarquizar
 e) banalizar
3 – a) cotizar b) esterilizar c) higienizar d) profetisar
 e) sensibilizar
4 – a) cortês b) freguesa c) marqueza d) baronesa
 e) montanhês
5 – a) inglesa b) finlandeza c) japonesa d) pequinês
 e) pequenez
6 – a) acidez b) siamês c) português d) avidez e) viuvês

7 – a) aspereza b) esperteza c) estranheza d) fineza
   e) inteiresa
8 – a) escassês b) estupidez c) flacidez d) frigidez e) invalidez

Teste 11 – Com O ou U?

1 – a) abolição b) amêndoa c) boate d) bolacha e) butequim
2 – a) bússola b) cortiça c) costume d) engulir e) epístola
3 – a) explodir b) focinho c) goela d) maumetano
   e) mochila
4 – a) névoa b) nódoa c) orangotango d) polenta e) puleiro
5 – a) silvícola b) sotaque c) toalete d) vinícola e) acodir
6 – a) anágua b) boeiro c) burburinho d) camundongo
   e) fêmur
7 – a) glândula b) jaboticaba c) rebuliço d) supetão
   e) surrupiar
8 – a) táboa b) tabuada c) tabuleta d) cinquenta e) curtir

Teste 12 – Com X ou CH?

1 – a) atarraxar b) bexiga c) cachumba d) coaxar e) encaixe
2 – a) engraxar b) enchada c) enxame d) enxoval
   e) enxurrada
3 – a) esdrúxulo b) fachina c) laxante d) maxixe e) mexerico
4 – a) mexilhão b) mixórdia c) tachativo d) xale e) xampu
5 – a) xarope b) xícara c) apetrexo d) bochecha e) bombacha
6 – a) caximbo b) capuchinho c) chafariz d) chimarrão
   e) chiste
7 – a) xuxu b) cochicho c) colcha d) colchão e) concha
8 – a) comichão b) coqueluche c) deboche d) espichar
   e) faxada

Exercício II – Complete com a palavra mais adequada à frase:

1 – Os auditores exigiram que o assunto fosse tratado com a maior _____ (DESCRIÇÃO ou DISCREÇÃO ou DISCRIÇÃO) possível.

2 – As reivindicações dos sem-teto não podem passar _____ (DESAPERCEBIDAS ou DESPERCEBIDAS) ao Governo. Caso contrário, a situação tende a ficar incontrolável.

3 – O Juiz da 4ª Vara de Execuções de Brasília expediu _____ (MANDATO ou MANDADO) de apreensão contra os comerciantes fraudadores de notas fiscais.

4 – A decisão de _____(TAXAR ou TACHAR) em 15% os medicamentos usados no combate ao câncer foi _____ (TAXADA ou TACHADA) de absurda pela Associação Brasileira de Medicina.

5 – O Jurídico deve providenciar os documentos necessários ao competente _____ (DESTRATO ou DISTRATO).

6 – Sugerimos, portanto, que se tomem as medidas abaixo _____ (DISCRIMINADAS ou DESCRIMINADAS).

7 – Vários parlamentares foram _____ (CASSADOS ou CAÇADOS) por seu envolvimento na "máfia" do orçamento.

8 - A Justiça _____ (INFRINGE ou INFLIGE) penas a quem _____ (INFRINGE ou INFLIGE) a lei.

9 - Na última _____ (CESSÃO ou SESSÃO ou SEÇÃO) do Congresso, decidiu-se pela _____ (CESSÃO ou SESSÃO ou SEÇÃO) de terras aos trabalhadores rurais.

10 - Dando _____ (COMPRIMENTO ou CUMPRIMENTO) às determinações, decidimos aumentar os salários em 15%.

11 - Infelizmente, o diretor não _____ (RATIFICOU ou RETIFICOU) a decisão de promover dois funcionários.

12 - As denúncias de _____ (TRÁFEGO ou TRÁFICO) de crianças serão investigadas pela polícia.

13 - O médico _____ (PRESCREVEU ou PROSCREVEU) outros remédios.

14 - Por não atingir os objetivos propostos, os organizadores consideraram a campanha _____ (DEFICIENTE ou INEFICIENTE ou DEFICITÁRIA).

15 - É preciso que a Prefeitura _____ (TAMPE ou TAPE) os buracos da avenida Rio Branco.

16 - O soco do lutador foi tão violento que causou _____ (DESCOLAMENTO ou DESLOCAMENTO) da retina no adversário.

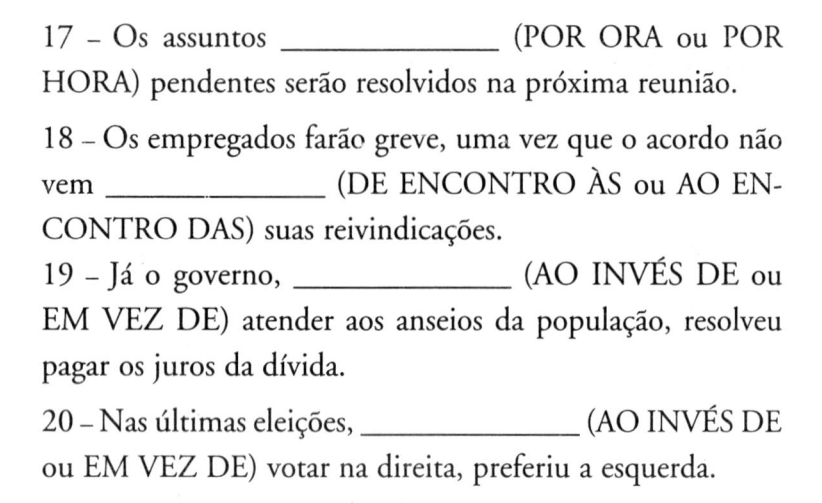

17 – Os assuntos _____ (POR ORA ou POR HORA) pendentes serão resolvidos na próxima reunião.

18 – Os empregados farão greve, uma vez que o acordo não vem _____ (DE ENCONTRO ÀS ou AO ENCONTRO DAS) suas reivindicações.

19 – Já o governo, _____ (AO INVÉS DE ou EM VEZ DE) atender aos anseios da população, resolveu pagar os juros da dívida.

20 – Nas últimas eleições, _____ (AO INVÉS DE ou EM VEZ DE) votar na direita, preferiu a esquerda.

GABARITOS SOBRE O USO DAS LETRAS

Exercício I

Teste 1
1 - a
2 - c
3 - c
4 - b
5 - e
6 - a
7 - c
8 - b

Teste 2
1 - b
2 - d
3 - a
4 - d
5 - e
6 - a
7 - b
8 - c

Teste 3
1 - e
2 - a
3 - c
4 - b
5 - a
6 - e

Teste 4
1 - a
2 - e
3 - d
4 - d
5 - b
6 - c
7 - d
8 - c

Teste 5
1 - d
2 - a
3 - e
4 - a
5 - b
6 - d
7 - a
8 - b

Teste 6
1 - a
2 - d
3 - d
4 - d
5 - b
6 - b
7 - e
8 - b

Teste 7
1 - c
2 - c
3 - c
4 - b
5 - a
6 - a
7 - b

Teste 8
1 - d
2 - e
3 - d
4 - d
5 - a
6 - d
7 - d
8 - c

Teste 9
1 – e
2 – e
3 – e
4 – a
5 – d
6 – e
7 – e
8 – d

Teste 10
1 – b
2 – b
3 – d
4 – c
5 – b
6 – e
7 – e
8 – a

Teste 11
1 – e
2 – d
3 – d
4 – e
5 – e
6 – b
7 – b
8 – a

Teste 12
1 – c
2 – b
3 – b
4 – c
5 – c
6 – a
7 – a
8 – e

Exercício II

1 – discrição;
2 – despercebidas;
3 – mandado;
4 – taxar e tachada;
5 – distrato;
6 – discriminadas;
7 – cassados;
8 – inflige e infringe;
9 – sessão e cessão;
10 – cumprimento;

11 – ratificou;
12 – tráfico;
13 – prescreveu;
14 – ineficiente;
15 – tape;
16 – descolamento;
17 – por ora;
18 – ao encontro das;
19 – em vez de;
20 – ao invés de **ou** em vez de.

II – O USO DO HÍFEN

PARA QUE SERVE O HÍFEN

Não há dúvida: falta coerência no uso do hífen. O mestre Mattoso Câmara Jr. afirmou que "o emprego deste sinal é incoerente e confuso". Os mestres e estudiosos divergem entre si e, muitas vezes, do que ficou estabelecido no Pequeno Vocabulário Ortográfico da Língua Portuguesa (PVOLP) de 1943.

A regra básica diz que a finalidade do hífen é indicar a formação de um novo vocábulo composto: em copo de leite não há hífen, porque copo é copo e leite é leite; em copo-de-leite temos um novo vocábulo (= tipo de flor).

Se no exemplo anterior é bastante visível a diferença entre um copo de leite e um copo-de-leite, há casos incompreensíveis: pedra lascada, mas pedra-sabão; para-sol, mas girassol. Havia também casos divergentes: dona de casa (dicionário Houaiss) e dona-de-casa (dicionário Aurélio). Com o novo acordo, fica sem hífen: dona de casa.

O único caso mais ou menos organizado é o uso do hífen em vocábulos formados com prefixos: há prefixos (ex, vice, pré, pós...) que sempre são seguidos de hífen: ex-vereador, vice-campeão, pré-vestibular, pós-operatório; há aqueles que nunca serão seguidos de hífen (a, in, des...): anormal, infeliz, desleal, desumano; há prefixos que, dependendo da letra que iniciar o segundo elemento, podem ser seguidos de hífen ou não: auto, contra, infra, neo, ultra... (antes de "h" ou vogal igual à do final do prefixo): autocontrole, contra-ataque, contracheque, infra-hepático, infravermelho, neoliberal, ultrapassagem; ante, anti (antes de "h" e vogal igual) inter, hiper e super (antes de "h" e "r"): antebraço, anti-horário, antivírus, inter-regional, interestadual, hipersensível, hipertensão, super-homem, supersônico; sub (antes de "b" "h" e "r"): sub-base, sub-reitor, subemprego, subchefe, subitem...

Em caso de hesitação, o melhor é sempre consultar os nossos dicionários e o Vocabulário Ortográfico da Academia Brasileira de Letras.

O QUE ESTABELECE O NOVO ACORDO ORTOGRÁFICO?

1ª) Nas formações com prefixos (ANTE, ANTI, ARQUI, AUTO, CIRCUM, CONTRA, ENTRE, EXTRA, HIPER, INFRA, INTER, INTRA, SEMI, SOBRE, SUB, SUPER, SUPRA, ULTRA...) e em formações com falsos prefixos (AERO, FOTO, MACRO, MAXI, MEGA, MICRO, MINI, NEO, PROTO, PSEUDO, RETRO, TELE...), só se emprega o hífen nos seguintes casos:

a) Nas formações em que o segundo elemento começa por "H": ante-histórico, anti-higiênico, anti-herói, anti-horário, auto-hipnose, circum-hospitalar, infra-hepático, inter-humano, hiper-hidratação, neo-hamburguês, pan-helênico, proto-história, semi-hospitalar, sobre-humano, sub-humano, super-homem, ultra-hiperbólico...

Observação:
Não se usa, no entanto, o hífen em formações que contêm em geral os prefixos "DES-" e "IN-" e nas quais o segundo elemento perdeu o "h" inicial: desumano, desarmonia, desumidificar, inábil, inumano...

b) Nas formações em que o prefixo ou pseudoprefixo termina na MESMA VOGAL com que se inicia o segundo elemento: auto-observação, anti-imperialismo, anti-inflacionário, anti-inflamatório, arqui-inimigo, arqui-irmandade, contra-almirante, contra-ataque, infra-assinado, infra-axilar, intra-abdominal, proto-orgânico, semi-inconsciência, semi-interno, sobre-erguer, supra-anal, supraauricular, ultra-aquecido, eletro-ótica, micro-onda, micro-ônibus...

Observação:
1) Nas formações com os prefixos "CIRCUM-" e "PAN-", quando o segundo elemento começa por "h", vogal, "m" ou "n", devemos usar o hífen: circum-hospitalar, circumescolar, circum-murado, circum-navegação, pan-africano, pan-americano, pan-mágico, pan-negritude...

2ª) Com os prefixos AUTO, CONTRA, EXTRA, INFRA, INTRA, NEO, PROTO, PSEUDO, SEMI, SUPRA,

ULTRA, ANTE, ANTI, ARQUI e SOBRE, se o segundo elemento começa por "s" ou "r", devemos dobrar as consoantes, em vez de usar o hífen:

Como era:

auto-retrato, auto-serviço, auto-suficiente, auto-sustentável, contra-reforma, contra-senso, infra-renal, infra-som, intra-racial, neo-romântico, neo-socialismo, pseudo-rainha, pseudo-representação, pseudo-sábio, semi-reta, semi-selvagem, supra-renal, supra-sumo, ultra-radical, ultra-romântico, ultra-som, ultra-sonografia, ante-republicano, ante-sala, anti-rábico, anti-racista, anti-radical, anti-semita, anti-social, arqui-rival, arqui-sacerdote, sobre-renal, sobre-roda, sobre-saia, sobre-salto...

Como fica:

autorretrato, autosserviço, autossuficiente, autossustentável, contrarreforma, contrassenso, infrarrenal, infrassom, intrarracial, neorromântico, neossocialismo, pseudorrainha, pseudorrepresentação, pseudossábio, semirreta, semisselvagem, suprarrenal, suprassumo, ultrarradical, ultrarromântico, ultrassom, ultrassonografia, anterrepublicano, antessala, antirrábico, antirracista, antirradical, antissemita, antissocial, arquirrival, arquissacerdote, sobrerrenal, sobrerroda, sobressaia, sobressalto...

Com os prefixos terminados em vogal, se o segundo elemento começa por uma vogal diferente, devemos escrever sem hífen:

Como era:

auto-adesivo, auto-análise, auto-idolatria, contra-espião, contra-indicação, contra-ordem, extra-escolar, extra-oficial, infra-estrutura, intra-ocular, intra-uterino, neo-acadêmico, neo-irlandês, proto-evangelho, pseudo-artista, pseudo-edema, semi-aberto, semi-alfabetizado, semi-árido, semi-escravidão, semi-úmido, ultra-elevado, ultra-oceânico...

Como fica:

autoadesivo, autoanálise, autoidolatria, contraespião, contraindicação, contraordem, extraescolar, extraoficial, infraestrutura, intraocular, intrauterino, neoacadêmico, neoirlandês, protoevangelho, pseudoartista, pseudoedema, semiaberto, semialfabetizado, semiárido, semiescravidão, semiúmido, ultraelevado, ultraoceânico...

O QUE MUDOU E O QUE NÃO MUDOU?

1ª Parte – Uso do hífen com prefixos:

1ª) Com os prefixos AUTO, CONTRA, EXTRA, INFRA, INTRA, NEO, PROTO, PSEUDO, SEMI, SUPRA e ULTRA, segundo o novo acordo ortográfico, só devemos usar hífen se a palavra seguinte começar por "h" ou vogal igual à vogal final do prefixo:

auto-hipnose, auto-observação; contra-almirante, contra-ataque; extra-hepático; infra-assinado, infra-hepático; intra-abdominal, intra-hepático; neo-hamburguês; proto-história, proto-orgânico; semi-inconsciência, semi-interno; supra-anal, supra-hepático; ultra-aquecido, ultra-hiperbólico.

Observação:
Com as demais letras, devemos escrever "tudo junto", sem hífen (pela regra antiga, usávamos hífen quando a palavra seguinte começava por H, R , S e qualquer vogal):

1) **autoadesivo**, **autoanálise**, autobiografia, autoconfiança, autocontrole, autocrítica, autodestruição, autodidata, **autoescola**, autógrafo, **autoidolatria**, automedicação, automóvel, autopeça, autopiedade, autopromoção, **autorretrato, autosserviço, autossuficiente, autossustentável**, autoterapia;

2) contrabaixo, contraceptivo, contracheque, contradança, contradizer, **contraespião**, contrafilé, contragolpe, **contraindicação**, contramão, **contraordem**, contrapartida, contrapeso, contraponto, contraproposta, contraprova, **contrarreforma, contrassenso**, contraveneno;

3) extraconjugal, extracurricular, extraditar, **extraescolar**, extragramatical, extrajudicial, **extraoficial**, extrapartidário, extraterreno, extraterrestre, extratropical, extravascular;

4) infracitado, **infraestrutura**, inframaxilar, **infraocular**, **infrarrenal, infrassom**, infravermelho, infravioleta;

5) intracelular, intracraniano, intracutâneo, intragrupal, intralinguístico, intramolecular, intramuscular, intranasal, intranet, **intraocular, intrarracial**, intratextual, **intrauterino**, intravenoso, intrazonal;

6) **neoacadêmico**, neobarroco, neoclassicismo, neocolonialismo, neofascismo, neofriburguense, **neoirlandês**, neolatino, neoliberal, neologismo, neonatal, neonazista, **neorromântico, neossocialismo**, neozelandês;

7) protocolar, **protoevangelho**, protofonia, protagonista, protoneurônio, prototórax, protótipo, protozoário;

8) **pseudoartista**, pseudocientífico, **pseudoedema**, pseudofilosofia, pseudofratura, pseudomembrana, pseudoparalisia, pseudopneumonia, pseudópode, pseudoproblema, **pseudorrainha, pseudorrepresentação, pseudossábio**;

9) **semiaberto, semialfabetizado, semiárido**, semibreve, semicírculo, semiconsciência, semidestruído, semideus, **semiescravidão**, semifinal, semiletrado, seminu, **semirreta, semisselvagem**, semitangente, semitotal, **semiúmido**, semivogal;

10) supracitado, supramencionado, suprapartidário, **suprarrenal, suprassumo**, supravaginal;

11) ultracansado, **ultraelevado**, ultrafamoso, ultrafecundo, ultrajudicial, ultraliberal, ultramarino, ultranacionalismo, **ultraoceânico**, ultrapassagem, **ultrarradical, ultrarromântico, ultrassensível, ultrassom, ultrassonografia**, ultravírus.

2ª) Com os prefixos ANTE, ANTI, ARQUI e SOBRE, só devemos usar hífen se a palavra seguinte começar com "h" ou vogal igual à vogal final do prefixo (pela regra antiga, usávamos o hífen quando a palavra seguinte começava por H, R ou S):

1) antebraço, antecâmara, antecontrato, antediluviano, antegozar, **ante-histórico**, antejulgar, antemão, anteontem, antepenúltimo, anteprojeto, **anterrepublicano**, **antessala**, antevéspera, antevisão;

2) antiabortivo, antiácido, antiaéreo, antialérgico, anticapitalista, anticlímax, anticoncepcional, antidepressivo, antidesportivo, antiético, antifebril, antigripal, **anti-hemorrágico, anti-herói, anti-horário, anti-imperialismo, anti-inflacionário**, antimíssil, antiofídico, antioxidante, antipatriótico, antirrábico, **antirradicalista, antissemita, antissocial**, antiterrorismo, antitetânico, antivírus;

3) arquibancada, arquidiocese, arquiduque, **arqui-hipérbole, arqui-inimigo**, arquimilionário, arquipélago, **arquirrival, arquissacerdote**;

4) sobreaviso, sobrebainha, sobrecapa, sobrecarga, sobrecomum, sobrecoxa, **sobre-erguer, sobre-humano**, sobreloja, sobremesa, sobrenatural, sobrenome, sobrepasso, **sobrerrenal, sobrerroda, sobressaia, sobressalto**, sobretaxa, sobretudo, sobreviver, sobrevoo.

3ª) Com os prefixos HIPER, INTER e SUPER, só haverá hífen se a palavra seguinte começar por "h" ou "r" (essa regra não foi alterada):

1) hiperativo, hiperglicemia, **hiper-hidratação**, **hiper-humano**, hiperinflação, hipermercado, hipermiopia, hiperprodução, **hiper-realismo**, **hiper-reativo**, hipersensibilidade, hipertensão, hipertiroidismo, hipertrofia;

2) interação, interativo, intercâmbio, intercessão, interclubes, intercolegial, intercontinental, interdisciplinar, interescolar, interestadual, interface, **inter-helênico**, **inter-humano**, interlinguístico, interlocutor, intermunicipal, internacional, interocular, interplanetário, **inter-racial**, **inter-regional**, **inter-relação**, interseção, intertextualidade, intervocálico;

3) superaquecido, supercampeão, supercílio, superdosagem, superfaturado, **super-habilidade**, **super-homem**, superinvestidor, superleve, superlotado, supermercado, superpopulação, **super-reativo**, **super-requintado**, supersecreto, supersônico, supervalorizado, supervisionar.

4ª) Com o prefixo SUB, só haverá hífen se a palavra seguinte começar por "b", "h" ou "r": subaquático, **sub-base**, subchefe, subclasse, subcomissão, subconjunto, subcutâneo, subdelegado, subdiretor, subdivisão, subeditor, subemprego, subentendido, subestimar, subfaturado, subgrupo, subitem, subjacente, subjugado, sublingual, sublocação, submundo, subnutrido, suboficial, subpovoado, subprefeito, **sub-raça**,

sub-reino, sub-reitor, subseção, subsíndico, subsolo, subterrâneo, subtítulo, subtotal.

Segundo a regra antiga, se a palavra seguinte começasse pela letra "H", deveríamos escrever sem hífen: subepático e subumano. As novas edições de nossos principais dicionários já registram as formas com hífen, como prefere o novo acordo ortográfico: sub-hepático e sub-humano.

5ª) Vejamos alguns casos em que não se usava o hífen. Deveríamos escrever sempre "tudo junto" (= sem hífen). Segundo o novo acordo ortográfico, devemos usar o hífen se o segundo elemento começar por "h" ou por vogal igual à vogal final do pseudoprefixo:

AERO – aeroespacial, aeronave, aeroporto;
AGRO – agroindustrial;
ANFI – anfiartrose, anfíbio, anfiteatro;
AUDIO – audiograma, audiometria, audiovisual;
BIO – biodegradável, biofísica, biorritmo;
CARDIO – cardiopatia, cardiopulmonar, cardiovascular;
CENTRO – centroavante, centromédio, centrossimetria;
ELETRO – eletrocardiograma, eletrodoméstico, eletromagnetismo, eletrossiderurgia;
ESTEREO – estereofônico, estereofotografia, estereoquímico;
FOTO – fotogravura, fotomania, fotossíntese;
HIDRO – hidroavião, hidroelétrico;
MACRO – macroeconomia;
MAXI – maxidesvalorização;

MEGA – megaevento, megaempresário;
MICRO – microcomputador, micro-onda, micro-ônibus, microrradiografia;
MINI – minidicionário, mini-hotel, minissaia, minirreforma;
MONO – monobloco, monossílabo;
MORFO – morfossintaxe, morfologia;
MOTO – motociclismo, motosserra;
MULTI – multicolorido, multissincronizado;
NEURO – neurocirurgião;
ONI – onipresente, onisciente;
ORTO – ortografia, ortopedia;
PARA – paramilitares, parapsicologia;
PENTA – pentacampeão, pentassílabo;
PLURI – plurianual;
PNEUMO – pneumotórax, pneumologia;
POLI – policromatismo, polissíndeto;
PSICO – psicolinguística, psicossocial;
QUADRI – quadrigêmeos;
RADIO – radioamador;
RETRO – retroagir, retroprojetor;
SACRO – sacrossanto;
SOCIO – sociolinguístico, sociopolítico;
TELE – telecomunicações, televendas, telessexo;
TERMO – termodinâmica, termoelétrica;
TETRA – tetracampeão, tetraplégico;
UNI – unicelular;
ZOO – zootecnia, zoológico.

6ª) Prefixos sempre seguidos de hífen:
Além – além-mar, além-túmulo;
Aquém – aquém-fronteiras, aquém-mar;
Bem – bem-amado, bem-querer (ou benquerer), bem-dizer (ou bendizer) (exceções: bendito, benquisto);
Ex (= anterior) – ex-senador, ex-esposa;
Grã – grã-duquesa, grã-fino;
Grão (= grande) – grão-duque, grão-mestre;
Pós (tônico) – pós-moderno, pós-meridiano, pós-cabralino;
Pré (tônico) – pré-nupcial, pré-estreia, pré-vestibular;
Pró (tônico) – pró-britânico, pró-governo;
Recém – recém-chegado, recém-nascido, recém-nomeado;
Sem – sem-número (= inúmeros), sem-terra, sem-teto, sem-vergonha;
Sota/soto – sota-piloto, soto-mestre;
Vice/vizo – vice-diretor, vizo-rei.

Observação:
Com o prefixo "CO-", o uso do hífen era obrigatório: co-autor, co-fundador, co-seno, co-tangente...

Com o novo acordo ortográfico, o prefixo "CO" aglutina-se com o segundo elemento, mesmo quando iniciado por "o" ou "h": coobrigação, coocupante, cooperar, cooperação, coordenar, coerdeiro, coautor, cosseno, cotangente, coabitar, coabitante...

2ª Parte – Devemos usar o hífen:

1) Para dividir sílabas: or-to-gra-fi-a, gra-má-ti-ca, ter-ra, per-do-o, ál-co-ol, ra-i-nha, trans-for-mar, tran-sa-ção, su-bli-me, sub-li-nhar, rit-mo...

2) Com pronomes enclíticos e mesoclíticos: encontrei-o, recebê-lo, reunimo-nos, encontraram-no, dar-lhe, tornar-se-á, realizar-se-ia...

3) Antes de sufixos -(GU)AÇU, -MIRIM, -MOR: capim-açu, araçá-guaçu, araçá-mirim, guarda-mor...

4) Em compostos em que o primeiro elemento é forma apocopada (BEL-, GRÃ-, GRÃO-...) ou verbal: bel-prazer, grã-fino, grão-duque, el-rei, arranha-céu, cata-vento, quebra-mola, para-lama, beija-flor...

Exceções: passatempo, mandachuva, girassol, paraquedas, paraquedista, paraquedismo.

5) Em nomes próprios compostos que se tornaram comuns: santo-antônio, dom-joão, gonçalo-alves...

6) Em nomes gentílicos: cabo-verdiano, porto-alegrense, espírito-santense, mato-grossense...

7) Em compostos em que o primeiro elemento é numeral: primeiro-ministro, primeira-dama, segunda-feira, terça-feira...

8) Em compostos homogêneos (dois adjetivos, dois verbos): técnico-científico, luso-brasileiro, azul-claro, quebra-quebra, corre-corre, zigue-zague...

9) Em compostos de dois substantivos em que o segundo faz papel de adjetivo: carro-bomba, bomba-relógio, laranja-lima, manga-rosa, tamanduá-bandeira.

10) Em compostos em que os elementos, com sua estrutura e acento, perdem a sua significação original e formam uma nova unidade semântica: couve-flor, tenente-coronel, pé-frio.

Exceções: pontapé, madrepérola, madressilva.

OBSERVAÇÕES FINAIS

Vejamos algumas dúvidas frequentes:

1ª) **Mal-educado OU maleducado OU mal educado?**

Os adjetivos formados com o elemento MAL devem usar hífen quando a palavra seguinte começar por H ou por vogais: "Ele é um homem mal-humorado"; "Ela é uma criança mal-educada"; "Ele era mal-intencionado".

Assim sendo a forma "maleducado" está errada.

Sem hífen, só quando MAL for advérbio: "Esta criança foi mal educada pelos pais."

2ª) **Mal-criada OU malcriada OU mal criada?**

O adjetivo se escreve sem hífen (a palavra seguinte começa por C): "É uma criança malcriada."

Sem hífen é o advérbio de modo acompanhado do verbo: "Ela foi mal criada pelos avós."

3ª) Grão-duque OU grão duque?

Quando GRÃO (ou GRÃ) é o elemento reduzido de GRANDE, devemos usar hífen: grão-duque, grão-mestre, grã-duquesa, grã-fina...

Quando GRÃO é substantivo, não usamos hífen: grão de areia, grão de milho...

4ª) Abaixo-assinado OU abaixo assinado?

Com hífen é o substantivo, é o documento: "O síndico já recebeu o nosso abaixo-assinado."

Sem hífen é quem assinou o documento: "Eu, Fulano de Tal, abaixo assinado, venho solicitar..."; "Os advogados, abaixo assinados, requerem..."

5ª) Para-lamas OU paralamas?

Quando o elemento PARA for do verbo PARAR, devemos escrever com hífen: para-lamas, para-choques, para-brisa, para-raios...

Exceções: paraquedas, paraquedista, paraquedismo.

Quando o elemento PARA for prefixo (= semelhante, próximo), devemos escrever "tudo junto" (sem hífen): paramédicos, paramilitares, paranormal, parapsicologia, paraolimpíadas...

6ª) – Sócio-econômico OU socioeconômico?

Quando o elemento SÓCIO for substantivo, devemos escrever com acento agudo e hífen: sócio-fundador, sócio-presidente, sócio-torcedor...

Quando o elemento SOCIO for adjetivo (redução de SOCIAL), devemos escrever sem acento e sem hífen: sociopolítico, sociolinguístico, sociocultural... Assim sendo, o correto seria SOCIOECONÔMICO.

7ª) – **Copo de leite ou copo-de-leite?**

Copo de leite é "copo com leite"; copo-de-leite (com hifen) é nome de uma flor.

Segundo o novo acordo ortográfico, em compostos com elemento de conexão só usamos hífen se a palavra for ligada à zoologia ou à botânica: joão-de-barro, banana-da-terra...

Observação: os demais compostos não ligados à zoologia ou à botânica devem ser escritos sem hífen: pé de cabra, pé de moleque, dia a dia, disse me disse, sobe e desce.

EXERCÍCIOS SOBRE O USO DO HÍFEN

I – Qual é a forma correta?

Exercício 1

1. ( ) auto-retrato ou ( ) autorretrato
2. ( ) auto-biografia ou ( ) autobiografia
3. ( ) contra-ataque ou ( ) contra ataque
4. ( ) contra-cheque ou ( ) contracheque
5. ( ) extra-oficial ou ( ) extraoficial
6. ( ) infra-estrutura ou ( ) infraestrutura
7. ( ) infra-vermelho ou ( ) infravermelho
8. ( ) intra-ocular ou ( ) intraocular
9. ( ) intra-venoso ou ( ) intravenoso
10. ( ) neo-liberal ou ( ) neoliberal
11. ( ) proto-história ou ( ) proto história
12. ( ) pseudo-cientista ou ( ) pseudocientista
13. ( ) ultra-som ou ( ) ultrassom
14. ( ) ultra-violeta ou ( ) ultravioleta

Exercício 2

1. ( ) ante-sala ou ( ) antessala
2. ( ) ante-ontem ou ( ) anteontem
3. ( ) anti-semita ou ( ) antissemita
4. ( ) anti-inflacionário ou ( ) antiinflacionário
5. ( ) arqui-rabino ou ( ) arquirrabino
6. ( ) arqui-milionário ou ( ) arquimilionário

7. ( ) sobre-humano ou ( ) sobre humano
8. ( ) sobre-loja ou ( ) sobreloja

Exercício 3

1. ( ) hiper-romântico ou ( ) hiperromântico
2. ( ) hiper-mercado ou ( ) hipermercado
3. ( ) super-homem ou ( ) super homem
4. ( ) super-atleta ou ( ) superatleta
5. ( ) inter-regional ou ( ) interregional
6. ( ) inter-estadual ou ( ) interestadual

Exercício 4

1. ( ) sub-reitor ou ( ) subreitor
2. ( ) sub-editor ou ( ) subeditor
3. ( ) sub-base ou ( ) sub base
4. ( ) sub-humano ou ( ) subumano
5. ( ) sub-oficial ou ( ) suboficial
6. ( ) sub-item ou ( ) subitem

II – Junte os elementos:
1. mega + evento = _____
2. mega + empresário = _____
3. mega + sena = _____
4. micro + empresa = _____
5. micro + ônibus = _____
6. macro + economia = _____
7. mini + saia = _____
8. mini + série = _____

III – Una os elementos a seguir, formando uma palavra COM ou SEM hífen:

1. grã + fino = _____
2. grão + duque = _____
3. guarda + roupa = _____
4. arranha + céu = _____
5. santo + antônio = _____
6. são + paulino = _____
7. sexta + feira = _____
8. sessenta + e + seis = _____
9. vigésimo + sexto = _____
10. verde + escuro = _____
11. verde + garrafa = _____
12. técnico + científico = _____
13. sócio + fundador = _____
14. sócio + político + econômico = _____
15. quebra + quebra = _____
16. carro + bomba = _____
17. sequestro + relâmpago = _____
18. pé + de + cabra = _____
19. cão + de + guarda = _____
20. não + me + toque = _____

GABARITOS SOBRE O USO DO HÍFEN

I - Qual é a forma correta?

Exercício 1

1 – autorretrato
2 – autobiografia
3 – contra-ataque
4 – contracheque
5 – extraoficial
6 – infraestrutura
7 – infravermelho
8 – intraocular
9 – intravenoso
10 – neoliberal
11 – proto-história
12 – pseudocientista
13 – ultrassom
14 – ultravioleta

Exercício 2

1 – antessala
2 – anteontem
3 – antissemita
4 – anti-inflacionário
5 – arquirrabino
6 – arquimilionário

7 – sobre-humano
8 – sobreloja

Exercício 3

1 – hiper-romântico
2 – hipermercado
3 – super-homem
4 – superatleta
5 – inter-regional
6 – interestadual

Exercício 4

1 – sub-reitor
2 – subeditor
3 – sub-base
4 – sub-humano
5 – suboficial
6 – subitem

II – Junte os elementos:

1 – megaevento
2 – megaempresário
3 – megassena
4 – microempresa
5 – micro-ônibus
6 – macroeconomia
7 – minissaia
8 – minissérie

III – Una os elementos a seguir, formando uma palavra COM ou SEM hífen:

1 – grã-fino
2 – grão-duque
3 – guarda-roupa
4 – arranha-céu
5 – santo-antônio OU santantônio (protetor de cabeça) / Santo Antônio
6 – são-paulino
7 – sexta-feira
8 – sessenta e seis
9 – vigésimo sexto
10 – verde-escuro
11 – verde-garrafa
12 – técnico-científico
13 – sócio-fundador
14 – sociopolítico-econômico
15 – quebra-quebra
16 – carro-bomba
17 – sequestro-relâmpago
18 – pé de cabra
19 – cão-de-guarda
20 – não-me-toque (planta) ou não me toques (melindres, frescuras)

III – O USO DOS ACENTOS GRÁFICOS E DO TREMA

ONDE ESTÁ A SÍLABA TÔNICA?

Como bem sabemos, na língua portuguesa a sílaba tônica pode ocupar três posições: a maioria das palavras é paroxítona, muitas são oxítonas e raras são proparoxítonas.
Existem dúvidas quase eternas: acróbata ou acrobata, biótipo ou biotipo, dúplex ou duplex, gratuito ou gratuíto?
Ao consultar o Vocabulário Ortográfico da Língua Portuguesa da Academia Brasileira de Letras e os dicionários Aurélio e Houaiss, encontramos alguns casos consensuais.
Oficialmente, CATETER e NOBEL são oxítonas (sem acento gráfico); em CIRCUITO, FORTUITO e GRATUITO há ditongo "ui" (sem acento agudo no "i"); FILANTROPO, RUBRICA, IBERO, LÁTEX e ÔNIX são paroxítonas; e ÍNTERIM e HABITAT são proparoxítonas.
Muitas palavras admitem dupla pronúncia: acróbata ou acrobata, autópsia ou autopsia, biópsia ou biopsia, biótipo ou biotipo, boêmia ou boemia, ortoépia ou ortoepia, projétil ou projetil, dúplex ou duplex, xérox ou xerox...
Alguns casos merecem cuidados: o Vocabulário Ortográfico só registra CRISÂNTEMO, mas registra HIERÓGLI-

FO e HIEROGLIFO; a maioria apresenta MAQUINÁRIO e MAQUINARIA, mas o Houaiss já registra a forma MAQUINÁRIA como usual no Brasil. Os dicionários só consideram ÔMEGA como proparoxítona, mas o Vocabulário Ortográfico também aceita a forma OMEGA como paroxítona. Temos até diferenças regionais: o QUIUÍ no sul do país é conhecido como QUÍVI e o CAQUI no sul é chamado de CÁQUI, como a cor.

Há palavras em que a posição da sílaba tônica significa sentidos diferentes: ACÓRDÃO (acordo judicial) ou ACORDÃO (aumentativo de acordo); CÁQUI (cor) ou CAQUI (fruta); CLÍTORIS (pedra) ou CLITÓRIS (pequeno órgão do aparelho genital feminino).

E para terminar uma grande polêmica: RÉCORDE ou RECORDE?

O Vocabulário Ortográfico da Língua Portuguesa e o Dicionário Aurélio só registram RECORDE (paroxítona, sem acento gráfico). O Dicionário Houaiss já registra a forma RÉCORDE como usual no Brasil. Não vejo por que devemos considerar uma como certa e outra como errada.

Se as duas pronúncias coexistem, se há oscilação e não há predominância de uma sobre a outra, nada mais justo do que aceitarmos as duas formas como variantes válidas.

PARA QUE SERVEM OS ACENTOS?

Muita gente considera os acentos gráficos totalmente inúteis. Para tanto, costumam comparar nossa língua com o Inglês, que vive muito bem sem os sinaizinhos.

Outros, ao comparar o Português com a língua francesa, em que alguns vocábulos chegam a ter dois acentos (*élève* = aluno; *théâtre* = teatro), percebem a simplicidade do nosso sistema.

É importante que todos nós, principalmente os professores, saibamos qual é a finalidade dos acentos gráficos.

Para quem não sabe, a utilização de acentos vem da Grécia Antiga. Sua finalidade era indicar a sílaba tônica e também marcar os fonemas aspirados. É óbvio que os gregos não necessitavam dos acentos para falar corretamente o seu próprio idioma. O brasileiro também não precisa saber escrever para poder falar o Português. A verdade é que o sistema de acentos é muito mais útil a um estrangeiro que deseja falar corretamente do que ao falante nativo, para quem a sinalização parece supérflua.

No Brasil, a acentuação gráfica tem o mesmo objetivo que tinha para os gregos: os acentos servem para indicar, quando for preciso, a prosódia (= correta colocação da sílaba tônica dentro do vocábulo).

Na escola, aprendemos que os vocábulos podem ser oxítonos (= sílaba tônica na última sílaba), paroxítonos (= na penúltima) e proparoxítonos (= na antepenúltima).

A lógica nos manda não acentuar graficamente aquelas palavras cuja pronúncia está de acordo com a expectativa dos falantes. Só precisamos pôr o acento gráfico naquelas palavras cuja pronúncia foge do normal, não segue a maioria.

É interessante saber que fica em torno de apenas 20% o número de vocábulos acentuados graficamente. São exatamente aquelas palavras que apresentam uma pronúncia inesperada.

Por que sábado e paletó têm acento gráfico?

A resposta para quem só decora regras é: sábado tem acento agudo porque é uma palavra proparoxítona (= todas as proparoxítonas são acentuadas) e paletó por ser oxítona terminada em "o" (= as oxítonas terminadas em "a", "e" e "o", seguidas ou não de "s", recebem acento gráfico).

Mas por quê?

Simples. Na língua portuguesa, a maioria das palavras terminadas em "o" são paroxítonas (= não precisam de acento gráfico): sapato, palito, campo, bolo, coco, ovo...

O acento gráfico de sábado (proparoxítona) e paletó (oxítona) é para indicar uma pronúncia inesperada, que foge à normalidade das palavras terminadas em "o".

Essa é a lógica dos acentos.

A LÓGICA DOS ACENTOS GRÁFICOS

Já sabemos que a maioria dos vocábulos da nossa língua (em torno de 80%) não apresenta acento gráfico. Sabemos também que o objetivo dos acentos é indicar uma pronúncia inesperada.

A base é muito simples: "só assinalar o inesperado; deixar sem marca o que é previsível".

Vejamos mais exemplos para entender a lógica das regras de acentuação gráfica:

A maior parte das nossas palavras são paroxítonas terminadas em "a(s)", "e(s)", "o(s)" e "em(ens)". Em razão disso, não precisam de acento gráfico: barata(s), bola(s), serpente(s), dente(s), sapato(s), bolo(s), jovem(ens), nuvem(ens)...

É por isso que devemos acentuar graficamente as palavras paroxítonas que tenham terminação "estranha" (ã, ão, i, is, us, r, x, n, l, um, ps...): órfã, órgão, táxi, lápis, vírus, revólver, ônix, pólen, túnel, álbum, bíceps...

A regra para acentuar as oxítonas, cujo número de vocábulos é menor que o de paroxítonas, é determinada pela regra das paroxítonas. Entenda melhor no esquema: terminadas em "a(s)", "e(s)", "o(s)", "em(ens)" = OXÍTONAS (com acento) – PAROXÍTONAS (sem acento); demais terminações = OXÍTONAS (sem acento) – PAROXÍTONAS (com acento).

É por isso que coco e item não têm acento gráfico. São palavras paroxítonas terminadas em "o" e "em", ou seja, é a posição esperada da sílaba tônica. É a pronúncia da maioria das palavras paroxítonas terminadas em "o" e "em": bolo, ovo, jogo, vendo, pato, jovem, ordem, nuvem...

Caso a pronúncia seja inesperada (= oxítona), devemos indicar isso com acento gráfico: cocô, paletó, avô, após, refém, porém, armazém, parabéns... Como a maioria das palavras da língua portuguesa é paroxítona, todas as proparoxítonas (= pronúncia inesperada) devem receber acento gráfico: amássemos, prático, cágado, ínterim... Também incluímos aqui as paroxítonas terminadas em ditongo crescente (= ia, io, ie, eo, oa, ua, ue...): secretária, sério, maquinário, cárie, róseo, mágoa, água, tênue, bilíngue...

Também merecem acento gráfico alguns encontros vocálicos (ditongo e hiato): as oxítonas terminadas em ditongos abertos "éi" (papéis, pastéis), "éu" (céu, chapéu) e "ói" (constrói, herói), porque na maioria dos vocábulos esses ditongos são fechados (lei, rei, meio, meu, teu, seu, boi...); e os hiatos em que as vogais "i" e "u" ficam sozinhas ou com "s" na sílaba (saí, país, Icaraí, baú, saúde, Grajaú...).

Que o sistema tem uma lógica interna, não há dúvida. Há, entretanto, um princípio básico falso: o sistema parte da ideia equivocada de que a escrita teria supremacia sobre a fala. Não podemos esquecer que a fala vem antes da escrita. Mas isso é outra discussão.

ACENTUAÇÃO GRÁFICA

Posição da sílaba tônica:
1) Proparoxítona (sílaba tônica na antepenúltima): pálido;
2) Paroxítona (sílaba tônica na penúltima): palito;
3) Oxítona (sílaba tônica na última): paletó.

Uso dos acentos gráficos:

A) REGRAS BÁSICAS (nada muda com a nova reforma ortográfica):

1ª) **Proparoxítonas** – TODAS recebem acento gráfico: máximo, cálice, lâmpada, elétrico, estatística, ínterim, álcool, alcoólico...

Observações:
déficit (forma aportuguesada) ou **deficit** (forma latina = sem acento gráfico) ou **défice** (forma registrada no VOLP); habitat; sub judice (*formas latinas*);
récorde (usual, mas sem registro nos dicionários e no Vocabulário Ortográfico da ABL) ou **recorde** (forma registrada).

2ª) **Paroxítonas** – Só recebem acento gráfico as terminadas em:
ã(s) – ímã, órfã, ímãs, órfãs;
ão(s) – órfão, bênção, órgãos, órfãos;
i(s) – táxi, júri, lápis, tênis;
u(s) – jiu-jítsu, vírus, bônus, ânus, Vênus;
um, uns – álbum, álbuns, quórum, fórum, fóruns;

om, ons – iândom, íons, prótons, nêutrons;
ps – bíceps, tríceps, fórceps;
R – éter, mártir, açúcar, júnior;
X – tórax, ônix, látex, fênix;
N – hífen, pólen, próton, elétron;
L – túnel, móvel, nível, amável;
ditongos – secretária, área, cárie, séries, armário, prêmios, arbóreo, água, mágoa, tênue, mútuo, bilíngue, enxáguem, deságuam...

Observações:
Não recebem acento gráfico as paroxítonas terminadas em:
a(s) – bola, fora, rubrica, bodas, caldas;
e(s) – neve, aquele, cortes, dotes;
o(s) – solo, coco, sapato, atos, rolos;
em, ens – nuvem, item, hifens, ordens;
am – falam, estavam, venderam, cantam.

3ª) **Oxítonas** – Só recebem acento gráfico as terminadas em:
a(s) – sofá, atrás, maracujá, babás, dirá, falarás, encaminhá-la, encontrá-lo-á;
e(s) – café, pontapés, você, buquê, português, obtê-lo, recebê-la-á;
o(s) – jiló, avô, avós, gigolô, compôs, paletó, após, dispô-lo;
em, ens – além, alguém, também, parabéns, vinténs, ele intervém, tu intervéns.

Observações:
Não recebem acento gráfico as oxítonas terminadas em:
i(s) – aqui, saci, Parati, anis, barris, adquiri-lo, impedi-la;
u(s) – bauru, urubu, Nova Iguaçu, Bangu, cajus, expus;
az, ez, oz – capaz, rapaz, talvez, xadrez, atroz, arroz;
or – condor, impor, compor;
im – ruim, assim, folhetim.

4ª) **Monossílabas** – Só recebem acento gráfico as palavras tônicas (substantivos, adjetivos, verbos, pronomes, advérbios, numerais) terminadas em:
a(s) – pá, gás, má, más, ele dá, há, tu vás, dá-lo, já, lá;
e(s) – fé, ré, pés, mês, que ele dê, ele vê, vê-los, tu lês, três;
o(s) – pó, dó, nó, nós, cós, vós, pôs, pô-lo.

Observações:
a) **Não** recebem acento gráfico os monossílabos tônicos terminados em:
i(s) – ti, si, bis, quis;
u(s) – tu, cru, nus, pus;
az, ez, oz – paz, traz, fez, vez, noz, voz;
or – cor, for, dor;
em, ens – bem, sem, trens, ele tem, ele vem, tu tens, tu vens.

b) **Não** recebem acento gráfico os monossílabos átonos:
artigos definidos: o, a, os, as;
conjunções: e, mas, se, que;
preposições: a, de, por;

contrações (combinações): da, das, no, nos;
pronome relativo: que.

c) A palavra QUE recebe acento circunflexo, quando substantivada ou no fim de frase, já que se torna uma palavra tônica:
As crianças tinham um quê todo especial.
Procurava não sabia o quê.
Ele viajou por quê?

Palavras com dupla pronúncia (com ou sem acento gráfico). Em negrito, está a forma preferencial.

Vejamos alguns exemplos que já aparecem nas mais recentes edições de nossos principais dicionários e no Vocabulário Ortográfico publicado pela Academia Brasileira de Letras:

1. ACROBATA ou ACRÓBATA
2. AUTÓPSIA ou AUTOPSIA
3. BIÓPSIA ou BIOPSIA
4. BIOTIPO ou BIÓTIPO
5. BOEMIA ou BOÊMIA
6. DUPLEX ou DÚPLEX
7. HIEROGLIFO ou HIERÓGLIFO
8. NECRÓPSIA ou NECROPSIA
9. ÔMEGA ou OMEGA
10. ORTOEPIA ou ORTOÉPIA
11. PROJÉTIL ou PROJETIL
12. TRIPLEX ou TRÍPLEX
13. XÉROX e XEROX

Palavras que só admitem uma pronúncia, mas deixam dúvidas (marcamos a sílaba tônica em negrito, para reforçar a pronúncia culta):

1. ACÓRDÃO (acordo judicial)
2. ACORDÃO (aumentativo de acordo)
3. AMBROSIA
4. ARGUI (ele = presente do indicativo)
5. ARGUÍ (eu = pretérito perfeito do indicativo, com acento agudo no "í")
6. CÁQUI (cor)
7. CAQUI (fruta)
8. CIRCUITO
9. CLITÓRIS (pequeno órgão do aparelho genital feminino)
10. CLÍTORIS (pedra)
11. DÉFICIT ou DEFICIT OU DÉFICE
12. ESTRATÉGIA
13. FILANTROPO
14. FLUIDO (substantivo)
15. FLUÍDO (particípio do verbo FLUIR)
16. FÔRMA (acento opcional)
17. FORTUITO
18. GRATUITO
19. HABEAS CORPUS
20. HABITAT
21. IBERO
22. ÍNTERIM

23. LÁTEX
24. MAQUINARIA
25. MAQUINÁRIO
26. MISTER (necessário)
27. MONÓLITO
28. NOBEL
29. OCEANIA
30. ÔNIX
31. RECORDE
32. RUBRICA

Obs.: Nos canais da rede Globo e no sistema Globo de rádio, por opção, pronunciam "récorde", como se fosse proparoxítona.

B) REGRAS ESPECIAIS:

1ª) **Regra dos hiatos** (abolida pela reforma ortográfica):

Como era?

Todas as palavras terminadas em "oo(s)" e as formas verbais terminadas em "eem" recebiam acento circunflexo:
vôo, vôos, enjôo, enjôos, abençôo, perdôo; crêem, dêem, lêem, vêem, relêem, prevêem.

Como fica?
Sem acento:
voo, voos, enjoo, enjoos, abençoo, perdoo; creem, deem, leem, veem, releem, preveem.

O que **não muda?**

a) Eles **têm** e eles **vêm** (terceira pessoa do plural do presente do indicativo dos verbos TER e VIR);

b) Ele **contém, detém, provém, intervém** (terceira pessoa do singular do presente do indicativo dos verbos derivados de TER e VIR: conter, deter, manter, obter, provir, intervir, convir);

c) Eles **contêm, detêm, provêm, intervêm** (terceira pessoa do plural do presente do indicativo dos verbos derivados de TER e VIR).

Como fica?

ELE/ELA	ELES/ELAS	ELE/ELA	ELES/ELAS
-ê	-eem	-em/-ém	-êm
crê	creem	tem	têm
dê	deem	vem	vêm
lê	leem	contém	contêm
vê	veem	provém	provêm

2ª) **Regra do "u" e do "i"** (parcialmente abolida):

O que **não** mudou?

As vogais "i" e "u" recebem acento agudo sempre que formam hiato com a vogal anterior e ficam sozinhas na sílaba ou com "s":

Gra-ja-ú, ba-ú, sa-ú-de, vi-ú-va, con-te-ú-do, ga-ú-cho, eu re-ú-no, ele re-ú-ne, eu sa-ú-do, eles sa-ú-dam;

I-ca-ra-í, eu ca-í, eu sa-í, eu tra-í, o pa-ís, tu ca-ís-te, nós ca-í-mos, eles ca-í-ram, eu ca-í-a, ba-í-a, ra-í-zes, ju-í-za, ju-í-zes, pre-ju-í-zo, fa-ís-ca, pro-í-bo, je-su-í-ta, dis-tri-bu-í-do, con-tri-bu-í-do, a-tra-í-do...

Observações:

a) A vogal "i" tônica, antes de "NH", não recebe acento agudo: rainha, bainha, tainha, ladainha, moinho...

b) Não há acento agudo quando o "u" e o "i" formam ditongo e não hiato: gra-tui-to, for-tui-to, in-tui-to, cir-cui-to, mui-to, sai-a, bai-a, que eles cai-am, ele cai, ele sai, ele trai, os pais...

c) Não há acento agudo quando as vogais "i" e "u" não estão isoladas na sílaba: ca-iu, ca-ir-mos, sa-in-do, ra-iz, ju-iz, ru-im, pa-ul...

O que mudou?
Perdem o acento agudo as palavras em que as vogais "i" e "u" formam hiato com um ditongo anterior: fei-u-ra, bai-u-ca, Bo-cai-u-va...

Como era/ **como fica?**
Feiúra – **feiura**;
Baiúca – **baiuca**;
Bocaiúva – **Bocaiuva**.

3ª) **Regra dos ditongos abertos "éu", "éi" e "ói"** (parcialmente abolida):

Como era?
Acentuavam-se **todas** as palavras que apresentam ditongos abertos:

ÉU: céu, réu, chapéu, troféus...
ÉI: papéis, pastéis, anéis, idéia, assembléia...
ÓI: dói, herói, eu apóio, esferóide...

Observações:
  a) Não se acentuam os ditongos fechados:
  EU: seu, ateu, judeu, europeu...
  EI: lei, alheio, feia...
  OI: boi, coisa, o apoio...
  b) No Brasil, **colmeia** e **centopeia** são pronunciados com o timbre aberto.

O que mudou?
Perdem o acento agudo somente as palavras paroxítonas: **ideia, epopeia, assembleia, jiboia, boia, eu apoio, ele apoia, esferoide, heroico**...

O que não mudou?
O acento agudo permanece nas palavras monossílabas e nas oxítonas: **dói, mói, rói, herói, anéis, papéis, pastéis, céu, réu, troféu, chapéus**...

4ª) Regra do acento diferencial (parcialmente abolida):
Como era?

Recebiam acento gráfico as palavras homônimas homógrafas tônicas (para diferenciar das átonas):
  Ele pára (do verbo PARAR – só a 3ª pessoa do singular do presente do indicativo);

Eu pélo, tu pélas e ele péla (do verbo PELAR);
O pêlo, os pêlos (substantivo = cabelo, penugem);
A pêra (substantivo = fruta – só no singular);
O pólo, os pólos (substantivos = jogo ou extremidade).

Como fica?
Sem acento gráfico:
Ele para (do verbo PARAR – 3ª pessoa do singular do presente do indicativo);
Eu pelo, tu pelas e ele pela (do verbo PELAR);
O pelo, os pelos (substantivo = cabelo, penugem);
A pera (substantivo = fruta);
O polo, os polos (substantivos = jogo ou extremidade).

O que não mudou?

a) PÔR (verbo – infinitivo): "Ele deve pôr em prática tudo que aprendeu"; POR (preposição): "Ele vai por este caminho";

b) PÔDE é a 3ª pessoa do singular do pretérito perfeito do indicativo: "Ontem ele não pôde resolver o problema"; PODE é a 3ª pessoa do singular do presente do indicativo: "Agora ele não pode sair."

Observação:

Sugiro que acentuemos **fôrma** ("fôrma de pizza"), como orienta o dicionário Aurélio e como permite o novo acordo ortográfico, a fim de diferenciar de **forma** ("forma física ideal").

USO DO TREMA (TOTALMENTE ABOLIDO)

Como era?
Usávamos o trema na letra "u" (pronunciada e átona), antecedida de Q ou G e seguida de E ou I.

O objetivo do trema era distinguir a letra "u" muda (= não pronunciada) da letra "u" pronunciada:

QUE = quente, questão, quesito; QÜE = freqüente, seqüestro, delinqüente;
QUI = quilo, adquirir, química; QÜI = tranqüilo, eqüino, iniqüidade;
GUE = guerra, sangue, larguemos; GÜE = agüentar, bilíngüe, enxagüemos;
GUI = guitarra, distinguir, seguinte; GÜI = lingüiça, pingüim, argüir.

Palavras que recebiam trema:
agüentar, argüir, argüição, averigüemos, apazigüemos, bilíngüe, cinqüenta, conseqüência, conseqüente, delinqüência, delinqüente, deságüe, enxágüe, freqüência, freqüente, lingüiça, pingüim, qüinquagésimo, qüinqüênio, qüinqüenal, sagüi, seqüência, seqüestro, tranqüilo...

Palavras que não recebiam trema:
adquirir, distinguir, distinguido, extinguido, extinguir, seguinte, por conseguinte, questão, questionar, questionário...

Como fica?

Todas sem trema: aguentar, arguir, arguição, averiguemos, apaziguemos, bilíngue, cinquenta, consequência, consequente, delinquência, delinquente, deságue, enxágue, frequência, frequente, linguiça, pinguim, quinquagésimo, quinquênio, quinquenal, sagui, sequência, sequestro, tranquilo...

Observações:

a) Embora o trema não seja mais usado, a pronúncia das palavras que recebiam o trema não mudará, ou seja, deveremos continuar pronunciando a letra "u".

b) Não esqueça que jamais houve trema quando a letra "u" estava seguida de "o" ou "a": ambíguo, longínquo, averiguar, adequado...

c) Se a letra "u", antes de "e" ou "i", fosse pronunciada e tônica, devíamos usar acento agudo em vez do trema: que ele averigúe, que eles apazigúem, ele argúi, eles argúem...

Este acento também foi abolido: que ele **averigue**, que eles **apaziguem**, ele **argui**, eles **arguem**...

d) Palavras com dupla pronúncia (o uso do trema era facultativo): antiguidade, antiquíssimo, equidistante, liquidação, liquidar, liquidez, liquidificador, líquido, sanguinário, sanguíneo.

e) Também com dupla pronúncia (sempre sem trema):
Catorze ou quatorze
Cota OU quota
Cotizar OU quotizar
Cotidiano OU quotidiano

EXERCÍCIOS DE ACENTUAÇÃO GRÁFICA

1 - Acentue as palavras **proparoxítonas** que seguem:

deposito - amassemos - cientifico - interim - habito

habitat - deficit - alibi - alcool - omega

prototipo - reporteres - sabiamos - subito - liquido

2 - Sabendo que todas as palavras abaixo são **paroxítonas**, acentue-as quando convier:

imã - orfãs - orgão - caqui - gratis

bonus - juri - fora - foreis - coco

fosseis - joqueis - revolver - martir - onix

latex - hifen - eletron - hifens - eletrons

item - ordem - album - albuns - triceps

3 - Sabendo que as duas vogais finais formam **ditongo** e não hiato, acentue as palavras abaixo:

secretaria - agua - magoa - serie - noticia

influencia - familia - tenue - bilingue - linguas

desaguam - ginasio - roseo - premios - aereo

4 - Sabendo que todas as palavras abaixo são **oxítonas**, ou monossílabas tônicas, acentue-as quando necessário:

caja - sofas - atras - traz - ata-lo

da - pas - paz - fe - mes

tres - fez - ves - vez - voz

rape - chines - atraves - talvez - obte-la

Parati – uni-lo – Bangu – Peru – paleto
apos – compos – bem – tambem – parabens
recem – refens – amem – aqui – ama-lo-a

5 – Acentue as palavras, se necessário:
perdoo – perdoas – perdoa – perdoe – pessoa
enjoos – voo – voa – ele ve – eles veem
preve – reve-lo – preveem – ele vem – eles vem
ele provem – eles provem – tu provens – ele tem – eles tem
ele retem – ele detem – tu contens – ele le – eles leem
ele de – eles deem – ele cre – eles creem – releem

6 – Em todas as palavras abaixo, as vogais "i" ou "u" são **tônicas**. Acentue-as quando convier:
ai – ali – bau – Itu – caju
Grajau – sai – pais – juiz – juizes
juiza – prejuizo – saiste – saiu – saimos
sairam – sairmos – saindo – rainha – moinho
atrairam – diluissem – caia – caiam – iam
possuido – havia – dai – traido – trai
miudas – conteudo – paises – reuno – adia

7 – Acentue as palavras abaixo, se convier:
chapeu – judeu – trofeus – seu – ceu
lei – aneis – feia – ideia – geleia
joia – joio – coisa – anzois – jiboia
o apoio – eu apoio – europeu – europeia – heroico

8 – Ponha o acento gráfico, se for necessário:
a) Ontem ele não pode vir ao trabalho.
b) Agora ele não pode sair.
c) Ela se pela de medo.
d) Ela raspou todos os pelos.
e) Ela preferiu sair pelos fundos.
f) O ônibus que vai para Brasília não para neste ponto.
g) Por algum motivo, ele não quer por em prática o novo projeto.
h) Ele quer propor um outro projeto.
i) A menina come uma pera enquanto coa o café.
j) Ela quer que eu pare para comprar peras.
k) Esqueceu de ligar o polo negativo.
l) Pretende viajar ao Polo Norte.
m) Foi campeão de polo aquático.

GABARITOS DE ACENTUAÇÃO GRÁFICA

1 - Acentue as palavras **proparoxítonas** que seguem:

depósito - amássemos - científico - ínterim - hábito

habitat - déficit (ou deficit ou défice) - álibi - álcool - ômega

protótipo - repórteres - sabíamos - súbito - líquido

2 - Sabendo que todas as palavras abaixo são **paroxítonas**, acentue-as quando convier:

ímã - órfãs - órgão - cáqui - grátis

bônus - júri - fora - fôreis - coco

fósseis/ fôsseis (verbo) - jóqueis - revólver - mártir - ônix

látex - hífen - elétron - hifens - elétrons

item - ordem - álbum - álbuns - tríceps

3 - Sabendo que as duas vogais finais formam **ditongo** e não hiato, acentue as palavras abaixo:

secretária - água - mágoa - série - notícia

influência - família - tênue - bilíngue - línguas

deságuam - ginásio - róseo - prêmios - aéreo

4 - Sabendo que todas as apalavras abaixo são **oxítonas**, ou monossílabas tônicas, acentue-as quando necessário:

cajá - sofás - atrás - traz - atá-lo

dá - pás - paz - fé - mês

três - fez - vês - vez - voz

rapé - chinês - através - talvez - obtê-la

Parati – uni-lo – Bangu – Peru – paletó

após – compôs – bem – também – parabéns

recém – reféns – amém – aqui – amá-lo-á

5 – Acentue as palavras, se necessário:

perdoo – perdoas – perdoa – perdoe – pessoa

enjoos – voo – voa – ele vê – eles veem

prevê – revê-lo – preveem – ele vem – eles vêm

ele provém – eles provêm – tu provéns – ele tem – eles têm

ele retém – ele detém – tu conténs – ele lê – eles leem

ele dê – eles deem – ele crê – eles creem – releem

6 – **Em todas as palavras abaixo, as vogais "i" ou "u" são tônicas.** Acentue-as quando convier:

aí – ali – baú – Itu – caju

Grajaú – saí – país – juiz – juízes

juíza – prejuízo – saíste – saiu – saímos

saíram – sairmos – saindo – rainha – moinho

atraíram – diluíssem – caía – caíam – iam

possuído – havia – daí – traído – traí

miúdas – conteúdo – países – reúno – adia

7 – Acentue as palavras abaixo, se convier:

chapéu – judeu – troféus – seu – céu

lei – anéis – feia – ideia – geleia

joia – joio – coisa – anzóis – jiboia

o apoio – eu apoio – europeu – europeia – heroico

8 – Ponha o acento gráfico, se for necessário:
a) Ontem ele não pôde vir ao trabalho.
b) Agora ele não pode sair.
c) Ela se pela de medo.
d) Ela raspou todos os pelos.
e) Ela preferiu sair pelos fundos.
f) O ônibus que vai para Brasília não para neste ponto.
g) Por algum motivo, ele não quer pôr em prática o novo projeto.
h) Ele quer propor um outro projeto.
i) A menina come uma pera enquanto coa o café.
j) Ela quer que eu pare para comprar peras.
k) Esqueceu de ligar o polo negativo.
l) Pretende viajar ao Polo Norte.
m) Foi campeão de polo aquático.

IV – CURIOSIDADES ORTOGRÁFICAS

Dicas

1 – A ou HÁ?
"Espero que não haja obstáculos à realização das provas, daqui A ou HÁ uma semana"?

HÁ (= do verbo HAVER) só poderia ser usado caso se referisse a um tempo já transcorrido:
"Não nos vemos há dez dias." (= FAZ dez dias que não nos vemos)
"Há muito tempo, ocorreu aqui uma grande tragédia." (= FAZ muito tempo)
Quando a ideia for de "tempo futuro", devemos usar a preposição "A":
"Espero que não haja obstáculos à realização das provas, daqui a uma semana."
"Só nos veremos daqui a um mês."
Decore a "dica":
Tempo passado = HÁ (= FAZ);
Tempo futuro = A

Observação:
Quando a ideia for de "distância", também devemos usar a preposição "A":

"Estamos a dez quilômetros do estádio."
"O estacionamento fica a poucos metros do aeroporto."

2 – ABAIXO ou A BAIXO?

ABAIXO = embaixo, sob:
"Sua classificação foi abaixo da minha."
A BAIXO = para baixo, até embaixo:
"Ela me olhava de alto a baixo."

3 – ABAIXO-ASSINADO ou ABAIXO ASSINADO?

O documento que se assina é um ABAIXO-ASSINADO:
"Entregamos o abaixo-assinado ao diretor."
Quem assina o documento é um ABAIXO ASSINADO:
"O abaixo assinado, Dr. Fulano de Tal, vem respeitosamente..."

4 – AFIM ou A FIM?

Quem tem afinidades são pessoas AFINS:
"As duas têm pensamentos afins."
A FIM DE = para, com o propósito de:
"Estuda a fim de vencer a barreira do vestibular."
"Veio a fim de trabalhar."

5 – A PAR ou AO PAR?

A PAR = estar ciente:
"Ele está a par de tudo."
AO PAR = título ou moeda de valor idêntico:
"O câmbio está ao par."

6 – BEM-VINDO ou BENVINDO?

A saudação é BEM-VINDO (= bem recebido):
"Seja **bem-vindo**."
"Ele será **bem-vindo** a esta cidade."
BENVINDO é nome próprio de pessoa:
"Ele se chama **Benvindo**."

7 – MAIS ou MAS ou MÁS?

MAIS = opõe-se a MENOS:
"Hoje estou **mais** satisfeito." (= poderia estar **menos** satisfeito)
"Compareceram **mais** pessoas que o esperado." (= poderiam ser **menos** pessoas)
MAS = porém, contudo, todavia, entretanto:
"Estudou, **mas** foi reprovado." (= **porém**)
"Não foram convidados, **mas** vieram à festa." (= **entretanto**)
MÁS = plural do adjetivo MÁ; opõe-se a BOAS:
"Não eram **más** ideias." (= eram **boas** ideias)
"Estavam com **más** intenções." (= não tinham **boas** intenções)

8 – MAL ou MAU?

MAU é um adjetivo e se opõe a BOM:
"Ele é um **mau** profissional." (x **bom** profissional);
"Ele está de **mau** humor." (x **bom** humor);
"Ele é um **mau** caráter." (x **bom** caráter);
"Tem medo do lobo **mau**." (x lobo **bom**);
MAL pode ser:

advérbio (= opõe-se a **BEM**):
"Ele está trabalhando **mal**." (x trabalhando **bem**);
"Ele foi **mal** treinado." (x **bem** treinado);
"Ele está sempre **mal**-humorado." (x **bem**-humorado);
"A criança se comportou muito **mal**." (x se comportou muito **bem**);
conjunção (= logo que, assim que, quando):
"**Mal** você chegou, todos se levantaram." (= **Assim que** você chegou);
"**Mal** saiu de casa, foi assaltado." (= **Logo que** saiu de casa);
substantivo (= doença, defeito, problema):
"Ele está com um **mal** incurável." (= **doença**);
"O seu **mal** é não ouvir os mais velhos." (= **defeito**).

Na dúvida, use o velho "macete":
MAL x BEM;
MAU x BOM.

9 – PORQUE ou POR QUE ou PORQUÊ ou POR QUÊ?

PORQUE – conjunção explicativa ou causal:
"Ele não veio, **porque** estava doente."
POR QUE – preposição POR + pronome QUE (= pelo qual, por qual motivo):
"**Por que** ele não veio?"
"Quero saber **por que** ele não veio." (= por qual motivo)
"Não sei **por que** ele não veio." (= por qual motivo)
"É enorme o drama **por que** a população está passando." (= pelo qual)

PORQUÊ – substantivado:
"Quero saber **o porquê** de sua ausência."
"Eles querem **um porquê** para tudo isso."
POR QUÊ – antes de pausa:
"Ele não veio **por quê?**"
"Gostaria de saber **por quê.**"
"Ele quer saber **por quê**, onde e quando."

10 – SENÃO ou SE NÃO?

SE NÃO = se (conjunção condicional = caso) + não (advérbio de negação):
"**Se não** chover, haverá jogo." (= **Caso não** chova)
"O presidente nada assinará, **se não** houver consenso." (= **caso não** haja consenso)
Usaremos SENÃO em quatro situações:
SENÃO = de outro modo, do contrário:
"Resolva agora, **senão** estamos perdidos." (= **do contrário** estamos perdidos);
SENÃO = mas sim, porém:
"Não era caso de expulsão, **senão** de repreensão." (= **mas sim** de repreensão);
SENÃO = apenas, somente:
"Não se viam **senão** os pássaros." (= **somente** os pássaros eram vistos);
SENÃO = defeito, falha:
"Não houve um **senão** em sua apresentação." (= não houve nenhuma **falha**, nenhum **defeito**).

11 – SOB ou SOBRE?

SOB = embaixo:
"Estamos **sob** uma velha marquise."
"Ficou tudo **sob** controle."
SOBRE = em cima de:
"A lágrima corria **sobre** a face."
"Deixou os livros **sobre** a mesa." (= em cima da mesa)

12 – TAMPOUCO ou TÃO POUCO?

TAMPOUCO = nem:
"Não trabalha **tampouco** estuda. (= **nem** estuda)
TÃO POUCO = muito pouco:
"Estudou **tão pouco** que foi reprovado."

13 – TODO ou TODO O?

TODO = qualquer:
"Ele realiza **todo** trabalho que se solicita." (= **qualquer** trabalho)
"**Toda** mulher merece carinho." (= **todas as** mulheres)
"**Todo** país tem seus problemas." (= **qualquer** país, **todos os** países)
TODO O = inteiro:
"Ele realizou **todo o** trabalho." (= o trabalho **inteiro**)
"Acariciava **toda a** mulher." (= a mulher **inteira**)
"Haverá vacinação em **todo o** país." (= no país **inteiro**)

EXERCÍCIOS DE CURIOSIDADES ORTOGRÁFICAS

I – Complete as frases com **PORQUE, POR QUE, PORQUÊ** ou **POR QUÊ**:

1) Assinamos _____ era um bom contrato.
2) _____ ainda não assinaram o contrato?
3) Quero saber _____ ainda não assinaram o contrato.
4) Não assinaram _____?
5) Não sei as causas _____ ele foi demitido.
6) Não sei _____ motivo ele foi demitido.
7) Não sei _____ ele foi demitido.
8) Não sei o _____ da sua demissão.
9) Queremos um _____ para tudo isso.
10) Se ele mentiu, quero saber _____.
11) _____ parou? Parou _____?
12) Este é o drama _____ o povo está passando.
13) Estão passando por este drama _____ foram teimosos.
14) Lembro as esquinas_____ passei.
15) Ele não sabe, _____ chegou atrasado.
16) Ele não sabe _____ chegou atrasado.
17) Ele não sabe o _____ do seu atraso.
18) _____? _____? Repetia inconsolável a mãe.
19) Quero saber onde, quando e _____.
20) Quer saber _____, onde e quando.
21) Ela nunca perguntava ao pai _____ apanhava.

II – Complete as frases a seguir com **MAL** ou **MAU**:

1) Ele é um _____ profissional.
2) Ele está trabalhando _____.
3) O chefe está de _____ humor.
4) O chefe está sempre _____ -humorado.
5) O empregado foi _____ treinado.
6) _____ chegou ao escritório, teve o desprazer de encontrar a ex-esposa.
7) _____ saiu de casa, foi assaltado.
8) _____ foi contratado, já demonstrou suas qualidades.
9) Houve um terrível _____ -estar.
10) Ele é um grande _____ -caráter.
11) Comportou-se muito _____ durante a reunião.
12) Sempre foi um _____ aluno.
13) O seu _____ é não ouvir os mais velhos.
14) Você não sabe o _____ que ela me faz.
15) Ela está com um _____ incurável.
16) Sofreu um _____ súbito.
17) Ele _____ adivinha o que pode lhe acontecer.
18) A velhinha _____ saía de casa.
19) Um falava bem; o outro, muito _____.
20) Um era bom; o outro, muito _____.

III – Complete as frases com uma das opções entre parênteses:

1) Não nos reunimos _____ (A ou HÁ) mais de um mês.
2) Só nos reuniremos daqui _____ (A ou HÁ) um mês.

3) A caldeira fica _____ (A ou HÁ) cinco metros da entrada.
4) Nesta empresa _____ (A ou HÁ) muitos funcionários competentes.
5) Ele chegou _____ (A ou HÁ) duas horas.
6) Ele ocupa um cargo _____ (ABAIXO ou A BAIXO) do meu.
7) Precisamos examinar este prédio de alto _____ (ABAIXO ou A BAIXO).
8) O diretor já recebeu nosso _____ (ABAIXO-ASSINADO ou ABAIXO ASSINADO)
9) O incidente se deu _____ (ACERCA DE ou HÁ CERCA DE ou A CERCA DE) um mês.
10) _____ (ACERCA DE ou HÁ CERCA DE ou A CERCA DE) dez casos a discutir.
11) A discussão foi _____ (ACERCA ou HÁ CERCA ou A CERCA) do incidente.
12) Estou _____ (ACERCA ou HÁ CERCA ou A CERCA) de dez quilômetros do estádio.
13) Voltará daqui _____ (ACERCA ou HÁ CERCA ou A CERCA) de três horas.
14) Tomou esta decisão _____ (AFIM ou A FIM) de resolver os problemas da empresa.
15) Ficamos satisfeitos, porque suas palavras vieram _____ (AO ENCONTRO DAS ou DE ENCONTRO ÀS) nossas necessidades.
16) Ficamos insatisfeitos, porque a sua proposta vai _____ (AO ENCONTRO DOS ou DE ENCONTRO AOS) nossos desejos.

17) Ele foi suspenso _____ (AO INVÉS ou EM VEZ) de ser demitido.
18) Ele foi à praia _____ (AO INVÉS DE ou EM VEZ DE) ir à missa.
19) Ele foi para a frente _____ (AO INVÉS DE ou EM VEZ DE) para trás.
20) O diretor está _____ (A PAR ou AO PAR) do assunto.

IV – Complete as lacunas com uma das opções entre parênteses:

1) Estaremos perdidos, _____ (SENÃO ou SE NÃO) assinarmos o contrato hoje.
2) Assine o contrato hoje, _____ (SENÃO ou SE NÃO) estamos perdidos.
3) Não era uma caso de demissão, _____ (SENÃO ou SE NÃO) de advertência.
4) Não vieram _____ (SENÃO ou SE NÃO) os diretores.
5) Seu projeto não apresentou um _____ (SENÃO ou SE NÃO) sequer.
6) Ficou tudo _____ (SOB ou SOBRE) controle.
7) A lágrima corria _____ (SOB ou SOBRE) a face.
8) Nada lia _____ (TÃO POUCO ou TAMPOUCO) escrevia.
9) _____ (TODO ou TODO O) gerente deve comparecer à reunião de hoje.
10) Ele já viajou por _____ (TODO ou TODO O) mundo.

11) _____ (A PRINCÍPIO ou EM PRINCÍPIO) se opôs, depois concordou com a ideia.
12) Ele será _____ (BENVINDO ou BEM-VINDO) a esta casa.
13) Compareceram _____ (MAS ou MÁS ou MAIS) pessoas que o esperado.
14) Devido ao bom comportamento, agora eu tenho a certeza de que não eram _____ (MAS ou MÁS ou MAIS) pessoas.
15) Eram pessoas finas, _____ (MAS ou MÁS ou MAIS) comportaram-se muito mal.
16) E agora _____ (MAS ou MÁS ou MAIS) notícias diretamente de Congonhas.
17) Ele trabalha muito, _____ (PORISSO ou POR ISSO) merece uns dias de folga.
18) Ele trabalha muito, _____ (PORTANTO ou POR TANTO) merece uns dias de folga.

GABARITOS DE CURIOSIDADES ORTOGRÁFICAS

Exercício I

1) porque
2) Por que
3) por que
4) por quê
5) por que
6) por que
7) por que
8) porquê
9) porquê
10) por quê
11) Por que/por quê
12) por que
13) porque
14) por que
15) porque
16) por que
17) porquê
18) Por quê/Por quê
19) por quê
20) por quê
21) porque OU por que (= por qual motivo)

Exercício II

1) mau
2) mal

3) mau
4) mal
5) mal
6) Mal
7) Mal
8) Mal
9) mal
10) mau
11) mal
12) mau
13) mal
14) mal
15) mal
16) mal
17) mal
18) mal
19) mal
20) mau

Exercício III

1) há (faz)
2) a (tempo futuro)
3) a (distância)
4) há (existem)
5) há (faz)
6) abaixo (embaixo)
7) a baixo (até embaixo)

8) abaixo-assinado (documento)
9) há cerca de (faz perto de)
10) Há cerca de (Existem perto de)
11) acerca (sobre, a respeito de)
12) a cerca (distância)
13) a cerca (tempo futuro)
14) a fim (para)
15) ao encontro de (favorável)
16) de encontro a (contra)
17) em vez
18) em vez de
19) em vez de OU ao invés de (ao contrário de)
20) a par (ciente)

Exercício IV

1) se não (caso não)
2) senão (do contrário)
3) senão (mas, porém)
4) senão (somente, apenas)
5) senão (defeito, falha)
6) sob
7) sobre
8) tampouco (nem)
9) Todo (qualquer)
10) todo o mundo (o mundo inteiro)
11) a princípio (inicialmente)
12) bem-vindo

13) mais
14) más
15) mas
16) mais OU más
17) por isso
18) portanto

V – DESAFIOS FINAIS

Exercícios

Teste 1 – Que opção completa corretamente as frases abaixo?

1. "Não sei _____ a _____ ainda não foi feita."
   a) porque – análise;
   b) por que – análise;
   c) porque – análize;
   d) por que – análize.

2. "Ninguém sabe o _____ da sua _____ dentro da empresa."
   a) porque – ascenção;
   b) por que – ascenção;
   c) porquê – ascensão;
   d) por quê – ascensão.

3. "Haverá uma _____ de duas horas, pois a direção não quer atender às nossas _____."
   a) paralização – reinvindicações;
   b) paralização – reivindicações;
   c) paralisação – reinvindicações;
   d) paralisação – reivindicações.

4. "Ele pediu uma _____."
   a) lasanha à bolonhesa;
   b) lazanha à bolonhesa;
   c) lazanha à bolonheza;
   d) lasanha à bolonheza;

5. "Tive um _____ pressentimento, _____ não saí de casa."
   a) mal – por isso;
   b) mau – porisso;
   c) mau – por isso;
   d) mal – porisso.

6. "O _____ estava com o _____ rasgado."
   a) taxi – assento;
   b) taxi – acento;
   c) táxi – acento;
   d) táxi – assento.

7. "_____ você não resolveu todas as questões da prova? Creio que é _____ você não sabe o _____ das regras. Talvez seja essa a causa _____ você não conseguiu sucesso."
   a) porque – porque – por quê – porque;
   b) por que – por que – porquê – por que;
   c) por que – porque – porquê – por que;
   d) porque – por quê – por que – porque.

8. "Os _____ usavam _____."
   a) paramilitares – para-quedas;
   b) paramilitares – paraquedas;

c) para-militares – para-quedas;
d) para-militares – paraquedas.

9. "Não sei _____ ele se escondeu nem _____."
   a) aonde – por que;
   b) aonde – porquê;
   c) onde – porque;
   d) onde – por quê.

10. "Chegou _____, porque perdeu a _____."
    a) atrasado – bússula;
    b) atrazado – bússula;
    c) atrasado – bússola;
    d) atrazado – bússola.

11. "Houve muitos _____ nesta viagem, mas isso foi uma _____."
    a) excessos – excessão;
    b) excessos – exceção;
    c) exceços – excessão;
    d) essessos – exceção.

12. "O médico foi _____: ele apresenta problemas _____."
    a) taxativo – torácicos;
    b) taxativo – toráxicos;
    c) tachativo – toráxicos;
    d) tachativo – torácicos.

13. "Deu uma _____ por ser uma pessoa muito _____."

a) freiada – receiosa;
b) freiada – receosa;
c) freada – receiosa;
d) freada – receosa.

14. "As crianças podiam _____ pelo escorregador, pois não havia _____."
a) deslizar – empecilho;
b) deslizar – impecilho;
c) deslisar – empecilho;
d) deslisar – impecilho.

15. "O _____ não podia _____ o resultado da ação."
a) adevogado – adivinhar;
b) advogado – advinhar;
c) adevogado – advinhar;
d) advogado – adivinhar.

16. "Pagou a inscrição de _____ reais, e chegou em _____ lugar."
a) cincoenta – octagésimo;
b) cinquenta – octogésimo;
c) cinquenta – octagésimo;
d) cincoenta – octogésimo.

17. "Esta _____ não _____ tampa."
a) tijela – possui;
b) tijela – possue;
c) tigela – possue;
d) tigela – possui.

18. "O problema surgiu _____, _____ houve grande tumulto."
   a) de repente – por isso;
   b) de repente – porisso;
   c) derrepente – porisso;
   d) derrepente – por isso.

19. "O motorista deixou a _____ cair na _____."
   a) gorjeta – sarjeta;
   b) gorjeta – sargeta;
   c) gorgeta – sargeta;
   d) gorgeta – sarjeta.

20. "A _____ tem uma enorme _____ a este tipo de comportamento."
   a) princesa – ogeriza;
   b) princesa – ojeriza;
   c) princeza – hojeriza;
   d) princeza – hojerisa.

21. "A lavadeira _____ a roupa num _____ varal."
   a) estendeu – estenso;
   b) estendeu – extenso;
   c) extendeu – extenso;
   d) extendeu – estenso.

22. "Por causa das dores _____, foi fazer _____."
   a) na costa – acupuntura;
   b) nas costas – acupuntura;

c) nas costas – acumpuntura;
d) na costa – acumpuntura.

23. "Para se ter _____ na vida, não podemos _____ diante das oportunidades."
   a) êxito – hezitar;
   b) êzito – hesitar;
   c) êxito – hesitar;
   d) êzito – esitar.

24. "Considerava sua _____ um simples _____."
   a) assessoria – assessório;
   b) acessoria – acessório;
   c) assessoria – acessório;
   d) acessoria – assessório.

25. "Houve _____ porque todos prestaram _____."
   a) compreenção – atenção;
   b) compreensão – atenção;
   c) compreensão – atensão;
   d) compreenção – atensão.

GABARITO COMENTADO DO TESTE 1

1. Letra (b). Sempre que podemos subentender "por que motivo" ou "por qual razão", devemos escrever POR QUE (= separado): "Não sei por que motivo a análise ainda não foi feita." A palavra análise deve ser escrita sempre com "s". Não existe "análize" com "z".
2. Letra (c). A palavra "porque", quando substantivada, deve ser escrita junta e com acento circunflexo: o porquê, um porquê. Em todo substantivo derivado de verbo terminado em "-ender", a terminação "-são" deve ser grafada com "s": ascender – ascensão; apreender – apreensão; compreender – compreensão; pretender – pretensão...
3. Letra (d). Paralisação é o "ato de paralisar", que é da mesma família de paralisia. Observe que paralisia, paralisar e paralisação se escrevem com "s". Reivindicação é o "ato de reivindicar" (rei+vindicar). Vindicar significa "reclamar".
4. Letra (a). A palavra LASANHA já está devidamente aportuguesada com a letra "s". O sufixo "esa", quando indica "naturalidade, local de origem", deve ser grafado com "s": portuguesa, japonesa, inglesa etc. E o acento da crase é obrigatório sempre que podemos subentender "à moda de": "lasanha à bolonhesa" é uma lasanha "à moda de Bolonha".
5. Letra (c). Um MAU pressentimento é contrário de um BOM pressentimento. Não esqueça o velho macete:

MAU se opõe a BOM e MAL é o contrário de BEM. E você sabe quando é que se escreve *"porisso"* junto? Só quando você escreve errado. *"Porisso"* não existe. Devemos escrever POR ISSO sempre separado.

6. Letra (d). A palavra TÁXI tem acento agudo por ser uma palavra paroxítona terminada em "i". Todas as palavras paroxítonas terminadas em "i" ou "is" devem receber acento gráfico: júri, cáqui, tênis, lápis. Embora a palavra táxi tenha um acento agudo, o que estava rasgado era o ASSENTO (= lugar onde se senta).

7. Letra (c). "Por que você não resolveu todas as questões da prova?" (POR QUE em frases interrogativas); "Creio que é PORQUE você não sabe..." (PORQUE em frases explicativas ou causais); "... você não sabe O PORQUÊ das regras" (O PORQUÊ = junto com acento quando está substantivado pelo artigo); "Talvez seja essa a causa POR QUE você não conseguiu sucesso" (POR QUE quando substituível por "por qual, pelo qual..." = causas pelas quais).

8. Letra (b). O prefixo "para" (= junto a, proximidade, semelhança ou para além de) deve ser escrito sem acento gráfico e sempre "junto" (sem hífen): paramilitares, paramédicos, paranormal, parapsicologia, parábola, parágrafo...; O elemento "para", derivado do verbo PARAR, deve ser escrito com hífen: para-brisa, para-lama, para-choques, para-raios... Segundo o novo acordo ortográfico, PARAQUEDAS, para-

quedista e paraquedismo são exceções (devem ser escritas sem hífen).

9. Letra (d). Se ele se escondeu, ele se escondeu "em algum lugar"; por isso "não sei ONDE ele se escondeu". No fim da frase, devemos usar "por quê" (separado e com acento circunflexo): "nem POR QUÊ" (= por qual motivo).

10. Letra (c). Atrasado se escreve com "s", porque deriva de "atrás": atrás – atrasar, atraso, atrasado. Bússola se escreve sempre com "o". Uma *"bússula"* com "u" não existe ou está totalmente desnorteada...

11. Letra (b). As duas palavras se confundem porque começam da mesma forma: com "xc". A diferença é que EXCESSO se escreve com "ss" e EXCEÇÃO com "ç".

12. Letra (a). Quem não dá margem a objeção ou resposta é uma pessoa TAXATIVA, com "x". E problemas no tórax são sempre TORÁCICOS, com "c".

13. Letra (d). Quando você pisa no FREIO, dá uma FREADA; quem tem RECEIO é uma pessoa RECEOSA. O ditongo "ei" ocorre quando a sílaba tônica cai sobre a vogal "e": freio, receio, ideia, passeio; não há ditongo quando a sílaba tônica cai em outra vogal: freada, receosa, idealizar, passeando.

14. Letra (a). O correto é EMPECILHO, que deriva do verbo EMPECER (= provocar prejuízo, prejudicar, causar impedimentos, dificultar). DESLIZAR se escreve com "z". Não devemos confundir com DESLISAR, que significa "tornar liso, alisar".

15. Letra (d). Em ADVOGADO, o prefixo "ad" significa "junto". É o mesmo de adjunto, adjetivo, advérbio... A palavra ADIVINHAR deriva de "divino". A adivinhação, portanto, é um dom de Deus. Pelo menos, segundo a origem da palavra.
16. Letra (b). O numeral cinquenta deve ser grafado sempre com "qu". A forma "cincoenta" não existe. O numeral ordinal de 80 é octogésimo. A forma "octagésimo" não tem registro.
17. Letra (d). Não existe *"tijela"*, com "j". Toda tigela se escreve com "g". A forma verbal POSSUI deve ser grafada com "i", porque é do verbo POSSUIR, que se escreve com "i": possuir – ele possui; influir – ele influi; concluir – ele conclui; atrair – ele atrai; cair – ele cai; distrair – ele distrai.
18. Letra (a). DE REPENTE deve ser escrito sempre separadamente. Não existe a forma *"derrepente"*. Em consequência, também não existe a forma *"derrepentemente"*. O correto é REPENTINAMENTE. E você sabe quando é que se escreve *"porisso"* junto? Nunca. Só quando você escreve errado. A conjunção conclusiva POR ISSO deve ser escrita sempre separadamente.
19. Letra (a). Tanto GORJETA quanto SARJETA devem ser grafadas com "j".
20. Letra (b). Ojeriza (sem "h", com "j" e com "z") é um tipo de "aversão, má vontade, antipatia". Os sufixos "esa" e "isa", quando indicam "feminino", de-

vem ser grafados com "s": princesa, baronesa, marquesa, poetisa, sacerdotisa, profetisa...
21. Letra (b). Parece loucura, mas é isso mesmo: O adjetivo EXTENSO e o substantivo EXTENSÃO devem ser escritos com "x", mas o verbo ESTENDER é com "s".
22. Letra (b). Quem tem COSTA (= zona litorânea) é o Brasil. "A costa brasileira é rica de praias lindíssimas." Nós temos COSTAS, que deve ser usada sempre na sua forma plural. Quanto à ACUPUNTURA, é uma palavra de origem latina: *acus* (= agulha) + *punctura* (= picada).
23. Letra (c). Palavras tão parecidas na fala e com tantas diferenças na escrita. O substantivo ÊXITO se escreve sem "h", com acento circunflexo e com "x"; o verbo HESITAR deve ser grafado com "h", sem acento gráfico e com "s".
24. Letra (c). Assessor e assessoria devem ser escritas com "ss", mas acessório é com "c".
25. Letra (b). Substantivos derivados de verbos terminados em "-ender" se escrevem com "s": tender – tensão; pretender – pretensão; compreender – compreensão. Os substantivos derivados do verbo TER devem ser escritos com "ç": reter – retenção; deter – detenção; obter – obtenção; ater – atenção.

Teste 2 – Que opção completa corretamente as frases abaixo?

1. "A criança ficou _____ diante da _____ de injeção."

   (a) irrequieta – seringa;
   (b) irrequieta – siringa;
   (c) irriquieta – siringa;
   (d) irriquieta – seringa.

2. "Embora estivesse sem _____, ele era _____ o presidente da empresa."

   (a) palitó – simplismente;
   (b) paletó – simplismente;
   (c) palitó – simplesmente;
   (d) paletó – simplesmente.

3. "Ele foi _____ perante o _____."

   (a) incriminado – meritíssimo;
   (b) incriminado – meretíssimo;
   (c) encriminado – meretíssimo;
   (d) encriminado – meritíssimo.

4. "Na sua casa, ele tem um _____ e um casal de _____."

   (a) ganço – piriquitos;
   (b) ganço – periquitos;
   (c) ganso – periquitos;
   (d) ganso – piriquitos.

5. "Para derrotar seu _____, utilizou meios _____."

(a) arqui-inimigo – anti-éticos;
(b) arqui-inimigo – antiéticos;
(c) arquiinimigo – anti-éticos;
(d) arquiinimigo – antiéticos.

6. "Após a _____ teve um _____."

(a) discursão – chilique;
(b) discussão – chilique;
(c) discução – chelique;
(d) discurssão – chelique.

7. "Não compareceu à _____ porque foi tratar de um dente _____."

(a) acariação – cariado;
(b) acariação – careado;
(c) acareação – careado;
(d) acareação – cariado.

8. "A _____ de Jesus Cristo até hoje _____ discussões."

(a) ressurreição – suscita;
(b) reçurreição – sucita;
(c) ressurreissão – suscita;
(d) ressurreição – sucita.

9. "Os médicos fazem _____. Trabalham em sistema de _____."

(a) revesamento – rodísio;
(b) revezamento – rodízio;
(c) revesamento – rodízeo;
(d) revezamento – rodísio.

10. "Chegaram de _____ e criaram uma _____."

(a) supetão – parafernália;
(b) supetão – parafernalha;
(c) sopetão – parafernalha;
(d) sopetão – parafernália.

11. "Por ser uma pessoa _____, mandou _____ os móveis."

(a) previnida – invernizar;
(b) previnida – envernizar;
(c) prevenida – invernizar;
(d) prevenida – envernizar.

12. "Nossa falta de _____ nada _____ no resultado das pesquisas."

(a) competividade – influi;
(b) competividade – influe;
(c) competitividade – influe;
(d) competitividade – influi.

13. "Ele teve _____, por isso manteve-se _____ ao nosso movimento."

(a) hombridade – engajado;
(b) hombridade – enganjado;
(c) ombridade – enganjado;
(d) ombridade – engajado.

14. "Além dos problemas na _____, estava com _____."
(a) bexiga – disenteria;
(b) bixiga – disenteria;
(c) bexiga – desinteria;
(d) bixiga – desinteria.

15. "Estava _____ e provocou um _____."
(a) encapuçado – reboliço;
(b) encapuzado – reboliço;
(c) encapuçado – rebuliço;
(d) encapuzado – rebuliço.

16. "Ele pôs sua _____ ao lado do _____."
(a) rúbrica – asterístico;
(b) rubrica – asterístico;
(c) rubrica – asterisco;
(d) rúbrica – asterisco.

17. "Era um texto tão _____ que _____ muita discussão."
(a) sucinto – suscitou;
(b) sucinto – sucitou;
(c) suscinto – suscitou;
(d) suscinto – sucitou.

18. "Minha _____ está _____ por culpa não sei de _____ ."

(a) pesquiza – atrazada – quê;
(b) pesquisa – atrazada – que;
(c) pesquiza – atrasada – que;
(d) pesquisa – atrasada – quê.

19. "Na _____ plenária, estudou-se a _____ de direitos territoriais a _____ ."

(a) sessão – cessão – estrangeiros;
(b) seção – cessão – estrangeiros;
(c) secção – sessão – extrangeiros;
(d) sessão – seção – estrangeiros.

20. "No fim do _____, os funcionários _____-se para conversar à _____ do prédio."

(a) expediente – reunem – saída;
(b) expediente – reunem – saida;
(c) expediente – reúnem – saída;
(d) espediente – reúnem – saida.

21. "Estava escuro, _____ demorei a encontrar o caminho _____ deveria regressar."

(a) por isso – por que;
(b) por isso – porque;
(c) por isso – por quê;
(d) porisso – porque.

22. "No último _____ da orquestra sinfônica, houve _____ _____ entre os convidados, apesar de ser uma festa _____."
(a) concerto – flagrantes – discriminações – beneficente;
(b) conserto – fragrantes – descriminações – beneficiente;
(c) concerto – flagrantes – descriminações – beneficiente;
(d) conserto – flagrantes – discriminações – beneficente.

23. "Eles não _____ o que _____ estes frascos."
(a) veem – conteem;
(b) veem – contém;
(c) veem – contêm;
(d) vem – contêm.

24. "Argumentando com _____, o promotor exige que _____ a exatidão das declarações do depoente."
(a) eloquencia – averíguem;
(b) eloquência – averíguem;
(c) eloquencia – averiguem;
(d) eloquência – averigúem.

25. "A _____ de professores _____ a _____."
(a) assembleia – mantêm – paralisação;
(b) assembleia – mantém – paralisação;
(c) assembleia – manteem – paralização;
(d) assembléia – mantêm – paralização.

GABARITO COMENTADO DO TESTE 2

1. Letra (a). Se a criança não ficou quieta, ela está IRREQUIETA, com "e". E a SERINGA também se escreve com "e".
2. Letra (d). Primeiro, não confunda um palito com um paletó. E simplesmente se escreve com "e", porque deriva de simples.
3. Letra (a). Atribuir um crime a alguém é INCRIMINAR, com "i". E o tratamento dado aos juízes é MERITÍSSIMO, porque vem de MÉRITO, que também se escreve com "i". Não devemos jamais é brincar com a palavra *"meritríssimo"*. Pode dar cadeia...
4. Letra (c). Todo ganso é com "s", e *"piriquito"*, com "i", não voa. Todo periquito é com "e".
5. Letra (b). Com os prefixos ARQUI e ANTI, só usamos hífen se a palavra seguinte começar por "h" ou vogal igual à final do prefixo. Como "inimigo" começa por vogal igual e "éticos" por vogal diferente, devemos escrever arqui-inimigo e antiéticos.
6. Letra (b). Chilique é com "i" e o ato de discutir é discussão. "Discursão" só se for um "grande discurso"...
7. Letra (d). Acareação é o "ato de acarear" (= ficar cara a cara). E dente com cárie está cariado.
8. Letra (a). O ato de RESSUSCITAR é RESSURREIÇÃO. E o verbo SUSCITAR significa "provocar, causar".

9. Letra (b). Rodízio se escreve com "z" e com "i". Revezamento é ato de revezar, que é derivado de "vez". Todos com "z".
10. Letra (a). Quem faz alguma coisa repentinamente faz de *supetão*, com "u". E o correto é *parafernália*, com acento agudo no "a" porque termina em ditongo "lia". As palavras *"sopetão"* e *"parafernalha"* não existem.
11. Letra (d). O verbo é PREVENIR, por isso o adjetivo é PREVENIDO. O "ato de passar verniz" é ENVERNIZAR.
12. Letra (d). Quem é competitivo tem COMPETITIVIDADE. E o verbo INFLUIR escreve-se com "i", por isso o correto é "ele influi".
13. Letra (a). Hombridade é palavra derivada de homem, com "h". E engajado vem do verbo engajar, do qual deriva o substantivo engajamento, tudo sem "n".
14. Letra (a). "Bixiga" não existe. O correto é BEXIGA. E o mau funcionamento dos intestinos é DISENTERIA. O prefixo "dis" indica "dificuldade, mau funcionamento": disritmia, dispneia, dispepsia, dislalia... E a enterologia é o "estudo do intestino e suas funções".
15. Letra (d). Quem está coberto por um CAPUZ está ENCAPUZADO. Uma grande desordem, uma bagunça é REBULIÇO. Reboliço é quem rebola ou tem a forma de um rebolo.

16. Letra (c). RUBRICA é uma palavra paroxítona, por isso não recebe acento gráfico. O sinal gráfico em forma de estrela (*) é ASTERISCO, que vem de "*asterískos*", palavra grega que significa uma "pequena estrela".
17. Letra (a). Um texto resumido, curto, objetivo é SUCINTO. E o verbo SUSCITAR significa "provocar, causar".
18. Letra (d). PESQUISA se escreve sempre com "s". Não existe "pesquiza" com "z". Atrasada vem do verbo atrasar, que deriva de atrás. Todas com "s". E a palavra QUE, em fim de frase, sempre recebe acento circunflexo: "Respondeu não sei o quê"; "Parou, por quê?"; "Fez isso, para quê!"; "Não tem de quê."
19. Letra (a). SESSÃO é "qualquer tipo de reunião": sessão de cinema, sessão espírita, sessão do júri, sessão plenária; CESSÃO é o "ato de ceder"; SEÇÃO é "divisão, departamento, setor, parte"; e SECÇÃO é o "ato de seccionar", ou seja, "corte". ESTRANGEIRO deve ser escrito sempre com "s".
20. Letra (c). A palavra "expediente" deve ser escrita sempre com "x". Os vocábulos "reúnem" e "saída" recebem acento gráfico pela mesma razão: as vogais "i" e "u" devem receber acento agudo sempre que forem tônicas, formarem hiato com a vogal anterior e ficarem sozinhas na sílaba ou com "s": re-ú-nem, sa-í-da.

21. Letra (a). A conjunção coordenativa conclusiva POR ISSO deve ser escrita sempre separadamente (*"porisso"* não existe). Em "... o caminho por que deveria regressar", temos o pronome relativo QUE antecedido da preposição POR: "... o caminho PELO QUAL deveria regressar." Devemos escrever POR QUE separadamente sempre que pudermos substituí-lo por PELO QUAL, PELA QUAL, PELOS QUAIS, PELAS QUAIS.
22. Letra (a). CONCERTO é sinfônico, significa "harmonia"; CONSERTO é "reparo, retificação". FLAGRANTES é "visíveis, que podem ser flagrados" e FRAGRANTE é "cheiroso"; é da mesma família de fragrância (perfume). DISCRIMINAR é "segregar, separar" e DESCRIMINAR é "deixar de ser crime". E toda festa "para o bem" é BENEFICENTE. A forma *"beneficiente"* não existe.
23. Letra (c). VEEM é do verbo VER (VÊM é do verbo VIR); *"Conteem"* não existe. CONTÉM é 3ª pessoa do singular e CONTÊM é 3ª pessoa do plural: "Estes frascos contêm..."
24. Letra (b). ELOQUÊNCIA deve ser escrito com acento circunflexo porque é um vocábulo paroxítono terminado em ditongo crescente. A forma verbal AVERIGUEM pode ser escrita sem acento agudo porque a vogal tônica pode estar no "u" ou com acento agudo no "i" porque, no Brasil, a pronúncia é de palavra paroxítona terminada em ditongo: averígue.

25. Letra (b). A palavra ASSEMBLEIA, segundo o novo acordo ortográfico, fica sem acento agudo. O sujeito do verbo MANTER é "a assembleia de professores" (sujeito simples – núcleo: assembleia). Em razão disso, o verbo deve concordar no singular: MANTÉM (mantêm é 3ª pessoa do plural, e *"manteem"* não existe). A palavra PARALISAÇÃO deve ser escrita com "s". É o ato de PARALISAR; é da família de PARALISIA. Tudo com "s".

MAIS EXERCÍCIOS SOBRE O USO DAS LETRAS

I – Com C ou Ç ou SS ou S

1 - a) desfaçatez b) disfarsar c) distorção d) dobradiça
   e) ereção
2 - a) erupção b) exceção c) extinsão d) hortaliça
   e) inserção
3 - a) massante b) maçarico c) maciço d) menção
   e) miçanga
4 - a) muçulmano b) orçar c) paçoca d) pinsa e) presunção
5 - a) quiçá b) rebuliço c) roliço d) saçaricar e) sossobrar
6 - a) sanção b) rechaçar c) mormasso d) mordaça
   e) noviço

II – Com S ou SS ou C ou Ç

1- a) persiana b) perversão c) pretenção d) propensão
   e) propulsão
2 - a) recenseamento b) remorso c) repreensão d) repulça
   e) reverso
3 - a) salsicha b) sinusite c) sisudo d) submersão
   e) subscidiar
4 - a) subsídio b) subsistência c) suspensão d) versátil
   e) imerção
5 - a) acessível b) admição c) agressão d) assédio
   e) asserção
6 - a) acessoria b) assíduo c) bissetriz d) bússola e) cassino
7 - a) classicismo b) compasso c) compassivo d) compressa
   e) conceção

8 - a) demissionário b) depressivo c) discussão d) discídio
e) dissipar
9 - a) dissuadir b) emissão c) endoçar d) escassez e) excesso
10 - a) excecivo b) girassol c) idiossincrasia d) opressão
e) permissivo
11 - a) pêcego b) pintassilgo c) presságio d) procissão
e) progressão
12 - a) promissor b) remessa c) repercução d) repressão
e) ressaca
13 - a) ressalva b) ressarcir c) rescentir d) ressurreição
e) ressuscitar
14 - a) sanguessuga b) sesseção c) sucessão
d) verossimilhança e) sossego

III – Com S ou SS ou SC ou XC
1 - a) escêntrico b) excepcional c) excessivo d) exceto
e) excitação
2 - a) acréscimo b) convalescer c) decentralização
d) excitar e) exceder

IV – Com S ou Z ou X
1 - a) gás b) gazolina c) gasoso d) grisalho e) heresia
2 - a) hexitar b) êxito c) ileso d) incisão e) infusão
3 - a) invés b) revesamento c) irrisório d) isenção e) jus
4 - a) lapiseira b) lesão c) lizura d) losango e) maresia
5 - a) mazoquismo b) mausoléu c) metamorfose d) náusea
e) obeso
6 - a) obséquio b) ourivesaria c) paralisia d) paralisar
e) paralização

7 - a) parmesão b) pesadelo c) pêsames d) pesquisa
   e) pitoniza
8 - a) precisão b) princeza c) sacerdotisa d) baronesa
   e) profusão
9 - a) querosene b) quesito c) razura d) reclusão
   e) repousar
10 - a) represália b) requisição c) rez d) mês e) três
11 - a) rezenha b) resíduo c) resolução d) revés
   e) saudosismo
12 - a) sinusite b) sisudo c) tozar d) usufruto e) usura

V – Com S ou Z ou X
1 - a) tez b) tornoselo c) trapézio d) varizes e) vazante
2 - a) exagero b) exalar c) exaurir d) exangue e) ezasperar
3 - a) exilar b) exaltação c) exímio d) êxodo e) ezonerar
4 - a) ezorbitar b) exorcista c) exótico d) exultar e) exumar

VI – Com S ou Z
1 - a) limpidez b) liquidez c) lucidez d) maciez
   e) noroeguez
2 - a) ligeireza b) justeza c) dinamarquesa d) gaguês
   e) magreza

VII – Com O ou U
1 - a) cúpula b) cópula c) lóbolo d) cutucar e) embutir
2 - a) muamba b) usofruto c) trégua d) pérgula e) escapulir

VIII – Com X ou CH
1 - a) faixa b) fichário c) flecha d) penacho e) pexinxa
2 - a) raxadura b) salsicha c) tacho d) tocha e) inchaço

GABARITOS MAIS EXERCÍCIOS SOBRE O USO DAS LETRAS

I – 1 – b
2 – c
3 – a
4 – d
5 – e
6 – c

II – 1 – c
2 – d
3 – e
4 – e
5 – b
6 – a
7 – e
8 – d
9 – c
10 – a
11 – a
12 – c
13 – c
14 – b

III – 1 – a
2 – c

IV – 1 – b
2 – a
3 – b
4 – c
5 – a
6 – e
7 – e
8 – b
9 – c
10 – c
11 – a
12 – c

V – 1 – b
2 – e
3 – e
4 – a

VI – 1 – e
2 – d

VII – 1 – c
2 – b

VIII – 1 – e
2 – a

MAIS EXERCÍCIOS SOBRE O USO DO HÍFEN

Una os elementos a seguir:
1. hei + de + vencer = _____
2. bem + vindo = _____
3. co + piloto = _____
4. co + seno = _____
5. co + mandante = _____
6. ex + marido = _____
7. ex + portador = _____
8. pós + moderno = _____
9. pos + pôr = _____
10. pré + estreia = _____
11. pre + determinado = _____
12. pre + fixar = _____
13. pró + democracia = _____
14. pro + cônsul = _____
15. recém + nascido = _____
16. penta + campeão = _____
17. micro + ondas = _____
18. re + escrever = _____
19. micro + computador = _____
20. re + ratificação = _____
21. mini + dicionário = _____
22. mini + série = _____
23. mini + saia = _____
24. mini + reforma = _____
25. para + médicos = _____

26. para + lama = _____
27. para + militar = _____
28. para + quedista = _____
29. sem + número = _____
30. sem + terra = _____

GABARITOS MAIS EXERCÍCIOS SOBRE O USO DO HÍFEN

1. hei de vencer
2. bem-vindo (saudação) / Benvindo (nome próprio)
3. copiloto
4. cosseno
5. comandante
6. ex-marido
7. exportador
8. pós-moderno
9. pospor
10. pré-estreia
11. predeterminado
12. prefixar
13. pró-democracia
14. procônsul
15. recém-nascido
16. pentacampeão
17. micro-ondas
18. reescrever
19. microcomputador
20. rerratificação
21. minidicionário
22. minissérie
23. minissaia
24. minirreforma
25. paramédicos

26. para-lama
27. paramilitar
28. paraquedista
29. sem-número (inúmeros)
30. sem-terra (substantivo = os sem-terra)

VI – NOVA ORTOGRAFIA

REFORMA ORTOGRÁFICA

Ortografia se resolve com a leitura e com o ato de escrever. Precisamos é melhorar nosso sistema de ensino. Temos problemas muito mais sérios do que nossas dúvidas quanto à grafia das palavras. Qualquer reforma teria um custo muito alto para o país.

A seguir transcrevo o que diz o professor Cláudio Moreno na sua página no Portal Terra (www.sualingua.com.br):

> Alterações na ortografia têm consequências muito mais profundas do que, por exemplo, a troca de moeda (a que já estamos acostumados); seu impacto no sistema educacional e na renovação de todo o material impresso de um país do tamanho do nosso é incalculável. Os países avançados (e ricos) não se preocupam em "reformar" sua ortografia, por mais anacrônica que ela seja; seus cidadãos convivem com as dificuldades do sistema, e dele se queixam tanto quanto nós (...).
>
> O Brasil, no entanto, adora essa ideia de "reforma". Primeiro, por causa de nossa herança portuguesa, temos uma verdadeira veneração pela lei, pela norma, pelo

regulamento, pela portaria; adoramos esses documentos que nos dizem exatamente o que fazer (e que, evidentemente, também adoramos desrespeitar), (...). A Espanha e a França não têm uma "lei"; a forma de escrever é comandada por suas respectivas academias, que fixam o que seria o padrão culto (...). No caso do espanhol, acresça-se a inevitável revolta dos países latino-americanos contra a tentativa da metrópole de monopolizar o controle do que é certo ou errado através da Real Academia Espanhola...

Os ingleses chegaram, a meu ver, ao ápice do ambiente democrático: nem academia eles têm! Jamais houve a "Academia Britânica de Letras", o que deixa o inglês correto submetido à discussão das grandes universidades e das editoras de dicionários, que nem sempre estão de acordo umas com as outras – e nem por isso surgiu o caos e a desordem na sua maneira de escrever, pois todos seguem aproximadamente o mesmo padrão culto, respeitando as pequenas divergências. Veja uma pequena amostra das formas que convivem pacificamente no inglês; para a maioria dos brasileiros, a existência de duas maneiras diferentes para grafar a mesma palavra seria uma aberração insuportável: *aeroplane* ou *airplane* (aeroplano), *centre* ou *center* (centro), *colour* ou *color* (cor), *disc* ou *disk* (disco), *gray* ou *grey* (cinza), *harbour* ou *harbor* (porto), *theatre* ou *theater* (teatro)... (...)

No Português, há casos em que não chegaremos a uma resposta absoluta. Precisamos aceitar, com tranquilidade, o fato de que o sistema tem limitações, e que devemos conviver com elas, sem desespero ou histeria. O que faremos, por exemplo, no caso de *berinjela*, que o Aurélio e muitos outros escrevem com J, mas que o Houaiss corrige, alegando que deve ser escrito com G? Muito simples: vamos escolher uma das formas, baseados em nossa intuição, em nossas preferências, em nossa convicção íntima. Qualquer solução que adotarmos terá a seu favor uma das grandes figuras de nosso idioma. *É isso aí.*

REFORMA ORTOGRÁFICA, PARA QUÊ?

Pelo visto, diante da dificuldade de fazer outras reformas, vamos mudar a ortografia. Se resolvermos os problemas do nosso sistema ortográfico, o brasileiro "com certeza" viverá melhor.

Entendo que uma padronização até poderia ser saudável, mas é quase impossível, e a verdade é que temos problemas mais sérios para resolver. Por dar consultoria a empresas jornalísticas há mais de dez anos, sei o quanto é difícil fazer uma uniformização.

Tenho meus temores, pois quem gosta exageradamente de padronizações é porque, no fundo, prefere uma "ditadura" a uma saudável flexibilidade que todas as línguas vivas apresentam.

Se a ideia de uniformização era um dos sonhos de Antônio Houaiss, fico sem entender os critérios que levaram a equipe de lexicógrafos do seu dicionário a registrar (a meu ver, acertadamente) vários vocábulos com dupla grafia: aterrissar/aterrizar; catorze/quatorze; hidrelétrica/hidroelétrica...

O texto da reforma aborda algumas mudanças: fim do acento circunflexo em palavras terminadas em "ôo(s)" e "êem" (abençôo, vôos, crêem, dêem, lêem, vêem); fim do acento agudo nos ditongos "éi" e "ói" das palavras paroxítonas (idéia, heróico); fim do trema (lingüiça, seqüência); fim do acento usado em "pára" (verbo) para diferenciar de "para" (preposição).

Gostaria de saber qual é a vantagem. Que ganhamos com isso?

Só posso imaginar que os defensores do fim do trema ficarão felizes. Querem acabar com o trema, que podemos aprender em um minuto, e ninguém fala do hífen, que nos incomoda durante toda a vida.

E a volta da letra "k". Que alegria! Agora, vou poder escrever sem erro: disk-pizza, disk-chaveiro, disk-borracheiro, disk-sexo...

O alfabeto voltaria a ter 26 letras. Que bom! Se as palavras não poderão ter duas grafias, onde vamos usar o "w" e o "y"? É bom lembrar que, em palavras estrangeiras e nos adjetivos e substantivos do português derivados de nomes estrangeiros (kantismo, shakespeariano), o uso do "k", do "w" e do "y" nunca foi proibido.

Até parece que escrevemos mal por culpa do nosso atual sistema ortográfico, o qual aprendemos por memória visual, pelo bom hábito da leitura.

O que nos falta é incentivo à leitura, é melhorar nossas condições de ensino, é remunerar melhor os professores... Falta é vontade política de se fazer uma real reforma na educação.

A verdade, porém, é que o novo acordo ortográfico já está em vigor. Teremos pela frente algum anos de adaptação, mas as mudanças serão obrigatórias a partir de 2013.

Em razão disso, embora seja contra, este livro foi escrito de acordo com a nova ortografia em vigor.

ANOTAÇÕES

Este livro foi impresso na Editora JPA Ltda.,
Av. Brasil, 10.600 – Rio de Janeiro – RJ,
para a Editora Rocco Ltda.